AF812864

Hunger!

Wirkungen moderner Kriegsmethoden

Von

Max Rubmann

Berlin 1919

Druck und Verlag von Georg Reimer

Inhalt.

Einleitung.

Es ist der Eindruck so ziemlich aller Besucher Deutschlands im Kriege gewesen, daß das Land trotz des Drucks der englischen Hungerblockade dank seiner Organisationsfähigkeit die Schwierigkeiten verhältnismäßig gut überwinde. Die Not, die durch die Blockade in Deutschland hervorgerufen wurde, ist nur den wenigsten in ihrer ganzen Größe zum Bewußtsein gekommen, nur die wenigsten hatten die Möglichkeit, so tief in deutsche Zustände hineinzublicken, daß sie das Bild der Wirklichkeit erfassen konnten, das Bild eines Volkes, das mit zusammengebissenen Zähnen den Leibriemen von Monat zu Monat, von Tag zu Tag enger schnallte, aber sich einfach nicht unterkriegen lassen wollte. Dieser trotzige Wille des geschlossenen deutschen Volkes ist unverkennbar lebendig gewesen während des ganzen langen Krieges. Er allein hat bewirkt, daß das Deutsche Reich nicht schon erheblich früher zusammengebrochen ist. Das deutsche Volk wollte, konnte und durfte während des Krieges nicht zeigen, wie sehr und wie tief es litt. Es sträubte sich mit Aufgebot aller Kräfte, dem Heer in den Rücken zu fallen. Begreiflicherweise haben deshalb auch die berufenen Stellen, berufen zum Aufzeigen der Nahrungsnöte des Volkes, schweigend zugesehen, wenn auch wohl manchmal innerlich knirschend. Sie wollten ihre warnende, mahnende Stimme einfach nicht hören lassen, zum Teil durften sie es ja auch bei der Verteilung der militärischen Befehlsgewalt in Deutschland nicht.

Entgangen sind dem fremden Beobachter vor allem die tieferliegenden Wirkungen auf Volksgesundheit und Volkssittlichkeit, alle die Züge, die jene bewußt willensmäßige Bindung unter die Oberfläche verwies. Entgangen ist den fremden, schnell vorübergleitenden Augen, daß im deutschen Volksganzen allmählich eine langsame, aber tiefgreifende Unterhöhlung alles physischen und moralischen Volkslebens eintrat, die, je länger der Krieg dauerte, um so raschere Fortschritte machte und die deshalb oft erst in den letzten Monaten in ihrer Fürchterlichkeit in die Erscheinung trat und die noch nachwirken wird, wenn die Friedensglocken längst verstummt sind. Nicht sind es Bilder aus den höheren Ständen einerseits und den Kreisen der Munitions- und Schwerarbeiter andererseits, die beide in der Lage waren, die sündhaft hohen Lebensmittel- und Wucherpreise zu bezahlen. Diese stummen Anklagen kommen aus den Schichten, in denen lautes Jammern bisher nicht üblich war; im Gegenteil die still und schweigend ihre vaterländischen Verpflichtungen als Selbstverständlichkeiten erfüllten, fast bis an die Grenze des sozialen Opfertodes: die unvermögenden Beamtenkreise, die Handwerker, die Angestellten, der „Mittelstand", kurz, alle die zahlreichen Kreise, die weder Kriegsgewinnler noch Munitionsarbeiter waren.

Häufig haben die fremden Beobachter auch ihr Urteil gebildet allein nach den deutschen Land- und Mittelstädten, in Orten mit reichem landwirtschaftlichem Hinterland oder in deutschen Küsten- und Seestädten. Diese Beobachtungen konnten kein reines Bild ergeben, in Berlin oder in Sachsen, da konnte man jene erschütternden Bilder in Fülle sehen, von denen im folgenden einige Streiflichter durch die kleine Schrift gegeben werden sollen, nicht erschöpfend, nicht allseitig und doch im höheren Sinne wahrheitsgetreu. Nicht wird dies freilich angängig sein, ohne daß nicht scharfe Anklagegefühle sich aufdrängen werden, Anklagen, die sich gegen eine Kriegführung wenden, die allen Gesetzen der Moral, ja der schlichten Menschlichkeit Hohn spricht.

Wohl ist inzwischen von den Blockademächten die Nahrungsmittelsperre etwas erleichtert worden, namentlich hat man Säuglings- und Kindernahrung durch die deutschen Grenzen gelassen und grundsätzlich scheint die Notwendigkeit, Deutschland mit Nahrungsmitteln zu versorgen, anerkannt. Man könnte deshalb gegen diese Schrift den Einwand erheben, was sie denn jetzt noch für einen Zweck verfolge, nachdem alle praktisch notwendigen Maßnahmen bereits ins Auge gefaßt oder gar schon in die Wege geleitet seien. Wer so spräche, würde die Absichten dieser Schrift verkennen. Sie ist nicht zu praktischen Zwecken geschrieben und will nicht für Deutschland Lebensmittel erbetteln. Sie steckt sich die wissenschaftliche Aufgabe der Festlegung der historischen Wahrheit in einem bisher weniger beachteten Kapitel der Kriegsgeschichte durch Beibringung dokumentarisch einwandfreien Materials, und wenn praktische Ziele damit überhaupt gefördert werden sollen, so liegen sie in der Richtung, die Menschheit aufzurufen zum Protest gegen jede Unmenschlichkeit, auf daß für die Zukunft und in der neuen Organisation Europas, dem „Völkerbund", derartige Mittel der Gewalt ausgeschlossen werden.

Berlin, Mitte Januar 1919.

Über die Ernährungs- und Gesundheitsverhältnisse November 1918

Gutachten des Direktors des Kaiser-Wilhelm-Instituts für Arbeitsphysiologie, Geh. Medizinalrat Dr. Rubner Berlin, erstattet im November 1918

Die mit Kriegsbeginn einsetzende Blockade war nach den feindlichen Presseäußerungen zu dem ausgesprochenen Zweck unternommen worden, Deutschlands gesamte Zivilbevölkerung, Männer, Frauen und Kinder, durch das namenlos quälende Elend der allgemeinen Aushungerung zum Niederbruch zu zwingen. Die Kriegsjahre hinter der Front waren ein steter Kampf gegen die Hungerdrohung, ein ewiger Zweifel zwischen Hoffen und Verzagen.

Unter dem Einfluß der Blockade verringerte sich sofort die Nahrung, weil wir auch zum Teil von einer Einfuhr gelebt hatten, der zunehmende Futtermangel bedrohte den Viehstand, die Landwirtschaft sah ihr Erträgnis durch Arbeitermangel, Fehlen von Düngstoffen und leider auch mehrfach durch schlechte Ernten sich mindern.

Die Notwendigkeit zu Einschränkungen der menschlichen Ernährung machten sich bald fühlbar, schon nach einem halben Jahr mußte man mit der Rationierung und Minderung der Brot- und Mehlmengen auf etwa die Hälfte des Friedensbestandes beginnen. Den Wendepunkt bildete aber erst der Sommer und Herbst 1916. Waren schon vorher mancherlei Unregelmäßigkeiten der Belieferung vorgekommen, so vollzog sich jetzt eine umstürzende Veränderung in Städten und Industriebezirken. Schlag auf Schlag folgte die Einschränkung derFleischversorgung, in manchen Städten auf fast $^1/_7$, in vielen Orten auf noch weniger des Friedenskonsums, eine Reduktion der Fettmenge auf $^1/_3$ des früheren Konsums, Kürzung der Zuckermenge, der Eierversorgung, die Kartoffelrationierung, Milchrationierung mit

Ausschluß der Erwachsenen. Als Nahrung blieb so wesentlich nur die gekürzte Brotration, Kartoffeln, etwas Fleisch, daneben Obst, Gemüse und Fisch, falls davon überhaupt vorhanden war. Bei dem Kartoffelmangel 1917 mußte die Kohlrübe als Ersatz verzehrt werden, 1918 mußte die Nahrung nochmals durch Einschiebung einer fleischlosen Woche im Monat eingeschränkt werden, die Milchration für Kinder wurde nochmals gekürzt, nur Gemüse war wenigstens seit den Sommermonaten regelmäßiger wie sonst zu haben, freie Nahrungsmittel von Bedeutung gibt es überhaupt nicht.

Die Stadtkost und Kost der Industriebezirke hat ihren Charakter vollkommen geändert, die tierischen Nahrungsmittel fehlen für Erwachsene so gut wie ganz, die Kost ist schwer verdaulicher geworden, zumal man auch das Korn auf 94—96 % ausmahlt und daneben allenfalls Rüben und Blattgemüse, auch Kartoffeln als wesentlicher Bestandteil der täglichen Mahlzeit dienen müssen. An Zutaten für die Zubereitung fehlt es ganz. Die Speisen sind voluminös, von ewig gleichbleibender Konsistenz, reizlos. Nichts unterbricht seit Jahren die einförmigen, größtenteils suppenartigen wässerigen Gerichte. Nur aus dem Zustand des Halbhungerns ist es verständlich, daß eine Bevölkerung mit dieser Kost sich jahrelang abfindet. Denn die Masse der Nahrung, die hie und da aus spärlich fließenden Quellen vom Lande her ergänzt wird, betrug nach der Rationierung für eine Person im Winter 1916/17 knapp die Hälfte, im Sommer 1917 zeitweilig nur $^1/_3$ des durchschnittlichen Friedensdedarfs. Diese Zeit hat einen verhängnisvollen Einfluß, von dem sie sich nicht wieder erholen sollte, auf die Bevölkerung ausgeübt. Das ist ja auch die Charakteristik der Massenernährung, daß sie zwar langsam auf schiefer Bahn nach abwärts gleitet, den Weg zur Hebung der Gesundheit nur schwer wieder findet.

Der besser verköstigte Schwer- und Schwerstarbeiter war relativ nicht viel besser daran als die übrigen, weil er zwar mehr

Nahrung, aber nicht im Verhältnis zur erforderten Arbeit bekam und also in seiner Leistung versagte.

Die zuerst mehr inselförmig auftretende schlechte Ernährung hat sich dann immer mehr und mehr ausgebreitet und jetzt allmählich die kleinen Orte in Mitleidenschaft gezogen. Man griff auch im letzten Jahr zu erheblicher Reduktion der Kost der Truppen hinter der Front und legte auch der Armee selbst manche Entbehrungen auf, um der Zivilbevölkerung helfen zu können, aber ohne Erfolg. Besonders groß ist der Fett- und Eiweißmangel in der Kost. Es liegt in der Eigenart der letzteren, daß seine destruktiven Wirkungen sich nur schleichend, nach Jahresfrist und später geltend machen.

Bei dieser allgemeinen Ernährungslage, die sich auch bis heute kaum nennenswert verändert hat, ist es selbstverständlich, daß gesundheitliche Schäden sich entwickeln mußten. Wenn man also von Nebensächlichem absieht, setzten die Härten der Blockade, nach ihren Folgen beurteilt, mit dem Herbst 1916 ein. Wie man sich denken kann, traten die Krankheitserscheinungen nicht gleichartig über das Land verteilt auf, sondern in den großen Städten, in den Industriegegenden und jenen Teilen des Landes, die aus Agrarbezirken keine Hilfe gefunden hatten; bei der Zensur der Presse kamen die Nachrichten über Mißstände auch nicht an die Öffentlichkeit und sind daher nur durch besondere ärztliche Berichte und Enqueten wahrscheinlich durchaus nicht im vollen Umfang bekannt geworden. Hungerzustände in krassester Form machten sich 1916/17 vor allem bei den Insassen geschlossener Anstalten geltend. Der Verfall der Leute nahm damals unter fortwährendem Jammern und Klagen über Hunger einen rapiden Verlauf. Bei den meisten kam es zu dem Hungerödem, Marasmus, Herzschwäche, interkurrenter Lungenentzündung; aufflackernde Tuberkulose machte dann dem Leiden in der Regel ein Ende. Auch unter der freien Bevölkerung, namentlich Sachsens, aber auch anderwärts war das Hungerödem weit verbreitet. Der körperliche Verfall zeigte sich übrigens in ganzen Bezirken und Städten. Am besten hielten sich die Kinder, welche besser versorgt waren als die Erwachsenen, und vielfach trugen auch die Mütter, die ihre Nahrung den Kindern gaben, die Spuren der Entsagung an sich.

Der Nahrungsmangel war so groß, daß in manchen Städten, z. B. in Leipzig, der durchschnittliche Körpergewichtsverlust der Bevölkerung auf 20—25% angegeben war. Im Äußeren, an den schlotternden Kleidern, an Hautfarbe, Miene und Ausdruck sah man die Spuren des körperlichen Zusammenbruchs. Die körperliche Leistungsfähigkeit sank dementsprechend. Schlaffheit, Müdigkeit nach mäßigen Anstrengungen gehört zur Regel, aber auch auf geistigem Gebiete fiel die Minderwertigkeit, Indolenz, der Mangel an Initiative und Schaffenslust, wie auch die nervöse, gereizte Stimmung ins Auge. Die Klagen über die reizlose Kost, über das unerträgliche ewige Einerlei wurden überall laut, und Magen-, aber noch mehr Darmkrankheiten, darunter viele Todesfälle, kamen im Sommer und Herbst 1917 zur Beobachtung.

Mit dem Schwund des Fettes mehrten sich die Leistenbrüche, Verfall der weiblichen Genitalien, Fälle von Einstülpung des Darmes. Die entfetteten, blutarmen Personen hatten besonders schwer unter dem rauhen Winter und Kohlenmangel zu leiden, so daß die Zahl der Lungenerkrankungen unter diesen Leuten recht häufig wurden. Allgemeiner wurde von Tag zu Tag die Erscheinung der Polyurie unter Störung des Schlafes, sie war auf die hochgradig verwässerte Kost zurückzuführen.

Der allgemeine Rückgang des Ernährungszustandes führte unter Beschränkung von Blutbildung zu langem, oft über ein Jahr dauerndem Aussetzen der Menstruation, manchmal gefolgt von einer Rückbildung der weiblichen Geschlechtsorgane. Zweifellos steht diese Erscheinung im Zusammenhang mit dem starken Rückgang der Geburten. Die allgemeine Sterblichkeit hatte sich bis Ende 1916 wenig verändert, von da an stieg sie; am günstigsten schneiden die Kinder bis ins schulpflichtige

Alter ab, obschon unter ihnen, in einzelnen Distrikten wenigstens, Rückwirkungen des Nahrungsmangels nicht zu verkennen sind. Ganz ausgeprägt ist die Zunahme der Sterblichkeit vom 50. Lebensjahre ab. Im Alter ist es auch der Wechsel der Kost, der allein schon genügt, um die Ernährung des Körpers zu schädigen und ihn anfälliger für alle möglichen Krankheiten zu machen. Die Empfänglichkeit von Infektionskrankheiten nimmt zu, die Widerstandskraft gegen Fieber und konsumierende Erkrankungen ab. Der schlechte allgemeine Ernährungszustand kommt auch darin zum Ausdruck, daß viele Operationen mit günstiger Prognose einen ungünstigen Ausgang nahmen.

Besonders schwer ist vom Standpunkte der Volkshygiene die starke Zunahme der Tuberkulosemortalität zu beurteilen. Fast alle Altersklassen beteiligen sich daran, selbst im kindlichen Alter nimmt die Tuberkulose zu, oder die Krankheitsfälle verlaufen rascher, besonders auffällig war das Aufleben alter, als längst ausgeheilt betrachteter Tuberkuloseherde. Der schwere Verlauf, die fehlende Tendenz einer Heilung hängt mit dem Mangel an Nahrung im allgemeinen, vor allem auch mit dem Mangel an Milch und Fleisch zusammen. Eine entschiedene Hilfe für Tuberkulose gibt es unter den heutigen Umständen nicht, viele muß man rettungslos ihrem Schicksal überlassen. Welche Gefühle das aber bei den Angehörigen wachruft, braucht man kaum zu schildern.

So geht das, was Hygiene und Humanität in jahrelangen Kämpfen gegen diese Volksseuche geschaffen haben, restlos dahin, und Jahrzehnte mögen vergehen, bis hier wieder die Spuren des Verhängnisses sich tilgen lassen.

In derselben Ohnmacht wie gegenüber der Tuberkulose sind wir übrigens auf dem ganzen Gebiet der Krankenernährung überhaupt. Nahrungsmangel und Nährmittel stehen uns weder nach Menge noch Art so zu Gebote, wie es nötig war, kein Wunder, daß selbst in dringenden Fällen oft keine Hilfe gebracht werden kann, und wer nach überstandener Krankheit auf baldige Kräftigung und Genesung hofft, wird bei dem allgemeinen Mangel an Nahrungsmitteln vergeblich hoffen. Wohin man sieht, treten uns also die Wirkungen der Blockade auf die Zivilbevölkerung entgegen. Tote, Kranke, Sieche. Wenn diese stillen Opfer auch in dem allgemeinen Sterben und in der allgemeinen Apathie ungezählt bleiben mögen, so hat doch auf die Massen kaum etwas verhärtender und erbitternder gewirkt wie diese Nahrungsmittelnot und ihre Folgen.

Ob damit die schwersten Tage zu Ende sind, wissen wir nicht, ein Ende des Nahrungsmittelmangels ist noch nicht zu sehen. Zwei Momente machen sogar für den Augenblick die Lage noch bedrohlich. Das eine liegt in der Auflösung der sparsamen Wirtschaft und mühseligen Verteilung der beschränkten Vorräte durch die überstürzte Demobilisierung, bei der naturgemäß auch viele Nahrungsmittel verloren gehen, und andrerseits durch die Truppentransporte, durch die die künstlichen Bahnen der Nahrungsmittelzufuhr unterbrochen werden, das zweite Moment liegt in der allmählichen Aufsaugung der Vorräte der landwirtschaftschaftlichen Bevölkerung, durch die Aufkäufe der Industriezentren und durch den Mehrverbrauch der jetzt ins Land zurückkehrenden Soldaten, wo sie vorläufig nur Konsumenten sind und vermutlich durch die erhöhten Nahrungsansprüche die Milchversorgung für die Kinder in den Städten in ernsteste Gefahr bringen.

Zum Aufbau der Arbeit des Volkes, der wir entgegengehen sollen, gehört aber nicht die kümmerliche Fortfristung der jetzigen Ernährungsnot, sondern weit mehr Nahrung als bisher, die Nahrung des Friedensbestandes, denn das erste muß der Aufbau der menschlichen Kraft sein.

Sollte sich dies nicht bald verwirklichen lassen, so wird man sich sagen müssen, daß unser Volk eine nochmalige Verschärfung und Verschlechterung der Ernährungslage nicht mehr ertragen wird, der Ausbruch der leidenschaftlichen Erregung wird sich nicht unterdrücken lassen, wohin das bei der gegenwärtigen Lage führt, darüber sollte man sich endlich klar sein. Manchem scheint auch heute im Weltkrieg der Opfer noch nicht genügend zu sein. Der verbitterndste Akt war die Hungerblockade der Zivilbevölkerung, sie soll, wie es scheint, das letzte sein, was zu Fall kommt, hoffentlich nicht zu spät.

Die Wirkungen der feindlichen Hungerblockade auf die Gesundheit der deutschen Schuljugend

Von

Professor Dr. **A. Thiele**
Stadtschularzt in Chemnitz

und

Lehrer **Friedrich Lorentz**
I. Vorsitzender der „Vereinigung für Schulgesundheitspflege des Berliner Lehrer-Vereins"

„Unser täglich Brot gib uns heute."
Math. VI, 11.

Mit diesen Bibelworten hat die hungrige Menschheit aller Enden von jeher, hier andächtig, dort gottlos, hier mit dem Arbeitszeug, dort mit der Schnapsflasche, hier mit dem Dolche, dort mit dem Kurszettel in der Hand ihrem Verlangen nach hinreichender Ernährung Ausdruck verliehen. Aber noch nie wohl ist im Laufe der Jahrhunderte dieses Wort des Nazareners so vielfach klagend und bittend gen Himmel geschickt worden, als in dem ungeheuren Weltkriege, wo es während der vergangenen Jahre täglich auf den Lippen ungezählter deutscher Frauen und Kinder lag. Die hermetische Abschließung des Deutschen Reiches vom Auslande und die Unterbindung der wichtigsten Adern des deutschen Wirtschaftslebens hatten die Deutschen besonders auf dem Gebiete der Ernährung in eine schwer bedrängte Lage gebracht. Abgeschnitten von der Zufuhr aller derjenigen Nahrungsmittel, auf deren Verbrauch Deutschland seine Nahrungswirtschaft von der großen landwirtschaftlichen Produktion bis hin zum kleinsten Arbeiterhaushalt in langen Friedensjahren eingestellt hatte, sahen sich seine daheimgebliebenen Bürger jetzt der größten Entbehrung und endlich dem grausamen Hunger gegenüber. Während draußen im Kampfgewühl das mörderische Schwert die waffenfähigen Männer hinraffte, siechte daheim die waffenlose Bevölkerung dahin. Insbesondere litten die schwachen Greise, die hilflosen Frauen und die unschuldigen Kinder an den Folgen stets wachsender unmenschlicher Entsagungen und Entbehrungen an den notwendigsten Lebensmitteln. Wer jetzt nach 52monatiger Kriegführung in Deutschland die ausgemergelten Frauen sieht, die oft schon mit ihren 40—50 Jahren dem Greisentum verfallen sind, und wer die Jammergestalten von Kindern in den Großstädten und den Industriezentren des deutschen Landes schaut, den muß Trauer und Mitleid ergreifen. Der Menschheit ganzer Jammer faßt einen an.

Angesichts der gewaltigen Gefahr, welche Deutschlands Kinder und damit Deutschlands Zukunft bedroht, können diejenigen nicht schweigen, welche in erster Linie berufen sind, über ihr geistiges und leibliches Wohl und Wehe zu wachen, das sind insonderheit der Volksschullehrer und der mit der Gesundheitsüberwachung betraute Schularzt. „Dem Verbrecher hat der Staat seinen Anwalt gestellt; sollte ein hungriges Schulkind nicht auch seinen Anwalt finden? Der von Gott bestellte Anwalt der Kinder ist der Lehrer, der Anwalt der Kranken ihr Arzt; wehe beiden, wenn sie ihres Amtes nicht walten!" (Sonderegger). Arzt und Lehrer wollen auch in den nachfolgenden Zeilen — gemäß ihrer beruflichen Aufgabe — sich schützend vor das deutsche Kind und damit des deutschen Volkes Zukunft stellen, indem sie vor dem großen Areopag aller menschlich Empfindenden in der Welt das grauenvolle Unrecht enthüllen, das in diesem grausamsten aller Kriege durch die brutale Kriegsmaßnahme der Lebensmittelblockade Unschuldigen zugefügt worden ist. Sie wollen das Bewußtsein dieses Verbrechens an der Menschheit tief in die Gewissen aller Edeldenkenden hineinsenken und sie aufrufen zu einem heiligen Protest gegen jede Wiederholung dieser fluchwürdigen Untat. Sie wollen eine Warnungstafel aufstellen und Mißtrauen säen gegen einen Völkerbund, dessen Verfechter schon von der Anwendung dieses „Mittels der Exekutive" gegen Widerspenstige sprechen, und mit allen Kräften gegen diesen Gedanken kämpfen, solange nicht Garantien dafür geschaffen sind, daß dieser Völkerbund und alle die ihm beitretenden Staaten wirklich von dem Geiste des Friedens und der Menschlichkeit innerlich erfüllt sind, der den amerikanischen Präsidenten persönlich in so hohem Maße auszeichnet, bevor nicht Sicherheiten dafür geschaffen sind, daß jenes Mittel tatsächlich nur gegen Verbrecher, nicht aber gegen eine freie und frei sein wollende Nation angewandt wird.

Die 4½jährige Hungerblockade hat die körperliche und geistige Entwicklung unserer Schulkinder schwerstens beeinträchtigt. Es war nicht möglich, ihnen eine ausreichende Ernährung zu verschaffen. Die dargebotene schlechte und sehr einseitige Kost führte immer mehr zu einem Kräfteverfall, der in den verschiedensten Anzeichen zu bemerken war. Solange aber das militärische Interesse der Kriegführung allen anderen Interessen vorging und nur der Gesichtspunkt als entscheidend angesehen wurde, das eigene Volk nicht zu entmutigen und die Feinde über den Zustand Deutschlands zu täuschen, so lange kam in den Veröffentlichungen kaum das Wort „Hunger" vor. Vielmehr wurde ein dichter Schleier über die Verhältnisse gedeckt, die das Volk selbst zu beunruhigen vermochten. So enthalten auch die meisten Berichte über die Einwirkung des Krieges auf die Gesundheit der deutschen Schuljugend nur vereinzelte Andeutungen über den Nachteil der kriegsmäßig veränderten Ernährung auf den Gesundheits- und Kräftezustand unserer Schüler. Jedem aufmerksamen, mit geschulten Augen betrachtenden Beobachter kindlicher Arbeits- und Schaffensfreudigkeit drängten sich dagegen in der täglichen Berufsarbeit der Schule viele Einzelzüge auf, welche auf eine Abnahme der Leistungsfähigkeit allgemein hinwiesen, wie sie ja bei so stark herabgeminderten Nahrungsmengen ganz unausbleiblich erscheinen mußte.

Für jeden Menschen als Arbeitsmaschine ist wie für jede andere Maschine die Sicherstellung ausreichenden und guten Brennmaterials in der Nahrung Vorbedingung für jede Leistung. Ein solches Mißverhältnis aber, wie es der Krieg für Deutschlands Jugend zwischen der gewährten Nahrung und den geforderten Leistungen gebracht hat, muß in der Periode äußerst verhängnisvoll wirken, in der der Organismus außer mit seinen Leistungen auch noch mit seinem inneren Ausbau beschäftigt ist. Der kindliche Körper mußte sich aufbauen, und da ihm kein gutes Material zur Verfügung stand, baute er mit schlechtem. Kaum war das Wachstum beendet, so fingen, wie bei vielen neuen Gebäuden, die Reparaturen an. Die persönliche Widerstandskraft gegen Gesundheitsgefahren sank bei den Kindern insbesondere nach dem Winter 1916/17 und in der zweiten Hälfte des Jahres 1918 ganz bedeutend.

Als im März 1918 das französische Verpflegungsministerium eine Nährwertmenge in Höhe von 3300 Kalorien (zumindest aber 3000 Kalorien) forderte, standen in Deutschland im Herbst 1916 nur 1344 Kalorien pro Kopf und Tag zur Verfügung. Mit Rücksicht auf die Schwerverdaulichkeit der dargebotenen Nahrung sank die Nahrungsmenge sogar auf 1000 Kalorien, mit einem Eiweißgehalt von nur 30 g täglich, also auf ein volles Drittel des Verpflegungsminimums. Die Darstellungen auf S. 22 sollen einmal den Friedensverbrauch an einzelnen Nahrungsmitteln im Vergleich zu der Kriegsration zeigen. Eine solche Herabsetzung der Nahrung infolge der Blockade ist kaum ausreichend, einen Menschen am Leben zu erhalten, geschweige denn, von ihm Leistungen in bisheriger Höhe zu fordern. Es ist der Zustand der Inanition — der Engländer nennt es Starvation —, der sich herausbildete, ein Verhungern bei einem bloß mit Kartoffeln oder anderen nicht vollwertigen Nahrungsmitteln angefüllten Magen. Wer, wie die Erzieher des Volkes, oft mit den Armen und Ärmsten zu tun hat, kennt viele Schattierungen dieses langsamen Todes: blasse, schwammige Knaben oder magere, hohläugige Mädchen, Kinder, die den ansteckenden Krankheiten, wie der Grippe und der Tuberkulose, zum Opfer fielen. Die Familien, deren Väter zum Kriegsdienst einberufen waren und deren Mütter in schlechtbezahlten Industrien kümmerlich ihr tägliches Brot verdienen mußten, die Familien der unteren Beamten und Angestellten, deren Einkommen aus Friedens-

Nahrungsverbrauch

auf den Kopf und Tag der deutschen Bevölkerung

im Frieden: | im Kriege:

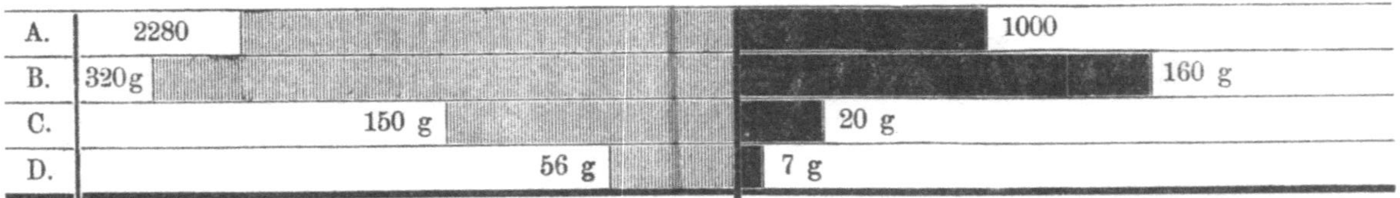

	im Frieden	im Kriege
A.	Mindestbedarf an Kalorien	Kalorien in der rationierten Kost der städtischen Bevölkerung
B.	Mehl ohne Kleie	Mehl mit Kleie
C.	Fleisch mit reichlichem Fett	Mageres Fleisch mit viel Knochen
D.	Butter, Pflanzen- und tierische Fette	Butter und Margarine

Es fehlen insgesamt: 2,16 Billionen Kalorien

im einzelnen:

396 199 t Getreide
171 299 t Fleisch } im Monat.
64 300 t Fett

zeit der ungeheuerlichen Preissteigerung nicht Folge leisten konnte, sie alle bildeten den Kern der Armee des sozialen Kriegselendes, und die Scharen der ausgemergelten Frauen und Mütter folgen ihnen nach. Wie auf einem Auswandererschiffe treffen bei diesen Märtyrern der Hungerblockade die edelsten Seelen und die gemeinsten Taugenichtse zusammen, welche aber zumeist auf Grund ihrer geschwächten und krankhaften Anlagen dem Zwischendeck des Schiffes „Volksgesundheit und -kraft" zugewiesen wurden. Der gewaltige Weltkrieg, der den kämpfenden Völkern die besten Jünglinge und Männer raubte, wurde in Deutschland auch noch an der Jugend zu einem Schicksalskündiger. Vieles von dem, was die deutsche Schul- und Volksgesundheitspflege zu einem Tempel der Göttin Hygieia aufgerichtet hatte, ist durch die feindliche Hungerblockade in Trümmer gelegt worden. Als Anwalt der hungernden Schulkinder appellieren wir darum an das Gefühl der Menschlichkeit und der Verantwortlichkeit bei den jetzigen Machthabern der Welt. Die gesamte Erziehungsarbeit eines großen Volkes ist auf das schwerste gefährdet, die Erhaltung der Kulturgüter aufs höchste bedroht. Das Sprichwort sagt: „Ein hungriger Mann hat kein Glück"; aber ein hungriges Kind soll Fleiß und Glück haben! Wenn der schwache Körper der Kinder nicht gekräftigt wird, kann ihr Geist auch nicht die Fähigkeiten entwickeln, welche notwendig sind, einen Schatz von Kenntnissen für das praktische Leben zu erwerben.

Es zeigten sich denn insbesondere während der letzten Kriegsjahre dem aufmerksamen Schularzte die mannigfachsten Mängel in der gesundheitlichen Entwicklung der deutschen Schuljugend, die zu schildern der erste Verfasser insbesondere berufen erschien.

Eine geradezu wunderbar zu nennende Widerstandsfähigkeit gegen Hunger und Not haben in den Kriegsjahren unsere Schulkinder bewiesen. Mag sein, daß die durch den Lehrermangel bedingte notwendige Beschränkung des Schulbetriebes, das häufige Ausfallen des Unterrichts überhaupt — Kohlennot, Verwendung der Schulgebäude zu Kasernen und Lazaretten usw. —, auch der hier und da der Not der Zeit folgende Wegfall anstrengender Leibesübungen dazu beigetragen hat, die Kräfte der Kinder fast bis zum letzten zu schonen; das meiste hat sicherlich die Aufopferungsfähigkeit der um ihre Lieblinge bangenden Eltern, richtiger der Mütter, beigetragen. Man blicke auf die auf Haut und Knochen abgemagerten Frauen mit ihren sorgendurchfurchten Gesichtern, und man weiß, wohin das wenige ihnen zugeteilte Essen in der Hauptsache in Wirklichkeit hingewandert ist. Es wurde den Kindern gegeben.

Auf das äußerste gefährdet waren trotzdem schon in der ersten Zeit der Knappheit — Herbst 1916, Winter 1916/17, Frühjahr und Sommer 1917 — die in der Körperanlage minderwertigen, die anfälligen, die anbrüchigen Kinder, so die rachitischen, die skrofulösen, die tuberkulösen und tuberkulosegefährdeten und -verdächtigen. Da es trotz aller Anstrengungen nicht möglich war, ausreichende Nahrungsmittelzuschüsse, wie Milch und Gerste, zu schaffen, so haben diese bedauernswerten Kinder weiter gelitten und sind jetzt, soweit sie überhaupt noch leben, in völligem Niedergange begriffen. Weil die erwähnten Konstitutionskrankheiten ausgesprochene und ausgesuchte Großstadtkrankheiten sind, so ist nicht viel zu behauptet, wenn man sagt, daß die Mehrzahl unserer Großstadtkinder, falls sie überhaupt davonkommen, dauernden Schaden an ihrem Körper gelitten haben werden. Was das u. a. für die weitere Ausbreitung der Tuberkulose zu bedeuten hat, das mag in seiner Furchtbarkeit für die Zukunft — der Grund zur Tuberkulose wird in der Jugend gelegt! — nur angedeutet sein. Nicht nur für Deutschland, sondern für die ganze Welt: der internationale Kampf gegen die Tuberkulose, der gerade deutscher Wissenschaft so viel verdankt, wird durch die gewaltige augenblickliche und zukünftige Verbreitung der Schwindsucht in Deutschland infolge der Hungersnot einen wesentlichen, die ganze Welt bedrohenden Rückschlag erleiden. Dazu kommt, daß auch die übrigen noch gesund gebliebenen Kinder infolge ihrer nunmehr allgemein herabgesetzten Widerstandsfähigkeit und der gewaltig gestiegenen Zahl frischer, besonders ansteckender („offener") Tuberkulose bei Erwachsenen — schwindsüchtig aus dem Heeresdienste entlassene, mehr oder weniger jugendliche Väter spielen hier die verhängnisvolle Hauptrolle — bald das Opfer neuer, massenhafter Ansteckung werden oder vielleicht schon geworden sind.

Zu den auffällig in ihrer Körperleistungsfähigkeit bedrohten und schon jetzt sichtlich beeinträchtigten Kindern gehören die in besonders raschem Wachstum befindlichen, etwa 9—15jährigen. Dürr und leichenblaß schießen diese Kinder, zu Haut und Knochen abgemagert, in die Höhe: ein bejammernswerter Ersatz für das Arbeitsheer der nächsten Zukunft. Die jüngeren Kinder, insbesondere die Schulanfänger von Ostern 1918, die 6—7-jährigen, lassen bisher noch nicht so viel zu wünschen übrig: ihnen wandte sich ja die Liebe der zumeist auch jüngeren Eltern ganz besonders zu, für sie gab die knappe Rationierung der Nahrungsmittel immerhin noch etwas von Zeit zu Zeit her (Chemnitz konnte allen Kindern bis zum vollendeten 8. Lebensjahre wenigstens $\frac{1}{4}$ l Milch sichern!). Aber auch hier ist schon ein Nachlassen zu beobachten, und von Tag zu Tag mehren sich die Fälle, wo die Schulfähigkeit dieser Kleinsten in Frage gestellt wird. Ja, aus einigen Städten liegen schon Zahlen vor, die eine wesentliche Beeinträchtigung der in diesem Herbst 1918 schulpflichtig gewordenen Kinder auf das erschreckendste belegen.

Tatsächlich tönt tagtäglich die Klage der Mütter an das Ohr des Schularztes, daß ihre Kinder, namentlich die beweglicheren Knaben, nicht satt werden. Die eintönige Gemüsekost hat dazu die Würmerplage ganz wesentlich vermehrt, so daß es wohl bald nur wenige Kinder mehr geben wird, die nicht von Darmschmarotzern (Oxyuren, Bandwürmern) gequält sind. Auch dies trägt zur Mindernährung der Kinder sicherlich nicht wenig bei.

Alle diese schwächlichen Kinder müssen Schulen besuchen, in denen infolge der mangelnden Reinigungsmittel, wie Seife und ganz besonders Stauböl, eine gründliche Reinhaltung von Staub und Schmutz nicht mehr möglich ist, in denen infolge Kohlenmangels die Heizung und infolgedessen wieder die Lüftung viel, wenn nicht alles zu wünschen übrig läßt. Das sind die Kinder, die in mangelhaften Kleidern und durchlässigen Schuhen Wind und Wetter mehr als sonst ausgesetzt sind; denn ihre Mütter sind gezwungen, tagsüber der Lohnarbeit nachzugehen; das sind die bedauernswerten Kinder, die aufsichtslos der Straße anheimfallen oder schon in frühestem Morgengrauen nach Kohle und Lebensmitteln sich anstellen müssen. Das sind endlich die Kinder, die des kärglichsten Broterwerbs willen schutzlos unzweckmäßige Arbeit auf sich nehmen müssen. Wie im ganzen die Widerstandsfähigkeit der Schulkinder gelitten hat, das zeigt die gesteigerte Hinfälligkeit gegenüber akuten Erkrankungen. Zu Tausenden wurden auch die Kinder von der Grippe ergriffen, und elend und matt erscheinen die Genesenen wieder in der Schule. Ein Teil ist der Krankheit erlegen. Die Grippe hat auch die letzten noch mutig Widerstand leistenden Kinder über den Haufen geworfen.

Wie die Zahlen der bei den schulärztlichen Reihenuntersuchungen als ungenügend ernährt oder auffällig blutarm oder tuberkulosegefährdet und tuberkulös befundenen Kinder steigen, mögen folgende zwei Stichproben der Untersuchungen von Stadtschularzt Prof. Dr. Thiele in der sächsischen Industrie- und Handelsstadt Chemnitz mit ihren ungefähr 300 000 Einwohnern belegen:

1. Knaben-Volksschule in Chemnitz (Brühlschule).

Es wurden befunden Anfang Dezember 1916:

ungenügend ernährt	11,18%,
blutarm	36,48%,
tuberkulös	3,89%.

Es wurden befunden Anfang Dezember 1918:

ungenügend ernährt	17,09%,
blutarm	50,89%,
tuberkulös	6,3 %.

Das heißt: die Zahl der Unterernährten stieg um über die Hälfte, die der Blutarmen, auffällig Blassen und Bleichen so hoch, daß die Hälfte aller Schüler als solche zu bezeichnen sind, die der Schwindsüchtigen oder Schwindsuchtverdächtigen auf die doppelte Höhe der Zahl vor zwei Jahren.

2. Knaben-Volksschule (André-Schule).

Es wurden befunden Anfang Dezember 1916:

ungenügend ernährt	4,51%,
blutarm	33,66%,
tuberkulös	2,46%.

Es wurden befunden Anfang Dezember 1918:

ungenügend ernährt	16,23%,
blutarm	52,63%,
tuberkulös	4,6 %.

Das heißt: die Zahl der Unterernährten hat sich vervierfacht, die Hälfte aller Kinder ist auch hier auffällig blaß, und die Tuberkulose hat die doppelte Menge der Kinder ergriffen.

Es sei darauf hingewiesen, daß beide Untersuchungen von einem einzigen Untersucher, nach denselben Gesichtspunkten, in derselben Form und zu derselben Jahreszeit vorgenommen, also einwandfreies Vergleichsmaterial darbieten. Man könnte dem Verfasser eher den Vorwurf machen, daß er sich infolge seiner die ganze Kriegszeit in umfassender Schularbeit bei der Überwachung von durchschnittlich über 50 000 Schulkindern aller Schularten gewohnheitsmäßig dem geminderten Ernährungszustand der Kinder in seinem Urteil angepaßt hätte.

Dieser Einwand spräche dann dafür, daß diese Feststellungen noch subjektiv zu günstig wären, also zugunsten einer noch größeren Minderung der Körperlichkeit der Kinder.

Während nun die Durchschnittssterblichkeitsziffer der Chemnitzer Jugend vom 1. (dieses ausgeschlossen) bis 20. Lebensjahre 13,34% in den Jahren 1911—1914 betrug, war dieselbe Ziffer in den vier Kriegsjahren (bis zum 1. Dezember 1918) 16,18%, also eine wesentliche Steigerung. Im Jahre 1917 starben in dem gleichen Alter 13,63 auf Hundert, im Jahre 1918 schon bis 1. Dezember 17,23 auf Hundert.

Noch furchtbarer lauten die Sterblichkeitsziffern aus dem Reiche: Schon 1917 sind in Deutschland im Alter von 2—5 Jahren 19,6, auf je tausend Lebende mehr verstorben als vor dem Kriege. Die Sterbefälle der Kinder zwischen 1 und 15 Jahren sind um die Hälfte gestiegen.

Diese Zahlen beweisen eindringlich, daß die Gefahr für die Kinder, an sich schon groß und schwer, von Monat zu Monat geradezu beängstigend wächst. Und so ist denn in Verbindung mit dem im Kriege erheblich verstärkten Geburtenrückgang, der infolge des Ausfallens der auf den Schlachtfeldern gefallenen Blüte der Männer und der Verwüstung der Frauenkraft durch die Kriegsarbeit und Kriegsnot in absehbarer Zeit nicht geändert werden kann, Deutschlands Widerstandsfähigkeit und Arbeitskraft auf Jahre hinaus, wenn nicht dauernd gebrochen.

Die mangelnde Ernährung der deutschen Schuljugend bedingte eine Einbuße an Individualkraft, nicht allein durch körperliche Entartung, sondern auch durch geistige Minderwertigkeit. „Der Körper muß Kraft haben, um der Seele zu gehorchen; je schwächer der Körper ist, um so mehr befiehlt er", mit diesen Worten kennzeichnete schon Rousseau die Abhängigkeit des Geistes von den Körperschwächen, wie sie insonderheit der zweite Verfasser in den verflossenen Kriegsjahren bei der minderernährten Jugend feststellen konnte.

Für eine geregelte Funktion des Nervensystems ist eine

ausreichende Nahrungszufuhr von größter Wichtigkeit. Die Erfahrungen an Hungernden zeigen uns, daß das Bewußtsein sehr lange erhalten bleibt; die Leistungsfähigkeit des Nervensystems erweist sich dadurch eingeschränkt, daß insbesondere die **Ermüdbarkeit** wesentlich gesteigert ist. Dennoch besitzt das Nervensystem eine unverhältnismäßig große Widerstandskraft gegenüber dem Nahrungsmangel. So erwiesen interessante Versuche an hungernden Tieren, daß das Nervensystem auf Kosten der andern Organe lebt. Diese schmelzen ein, und die freiwerdenden, energieliefernden Substanzen werden im Stoffwechsel des Nervensystems verbraucht. Die Gewichtsverluste des kindlichen Körpers wurden also physiologisch noch vermehrt durch die Leistungsbeanspruchungen des kindlichen Gehirns. Insbesondere aber war es das Fehlen wichtiger Mineralsalze, die mit der gewohnten Fleischnahrung dem kindlichen Organismus in reichlicher Menge zugeführt wurden, welche für den Ablauf der Stoffwechselvorgänge von besonderer Wichtigkeit waren. Die fast völlige Entziehung dieser Salze durch den nahezu gänzlichen Mangel an Fleisch (denn was wollen wöchentlich ca. 135 g mageres Fleisch noch mit viel Knochen hierfür besagen) rief eine Steigerung der Reizbarkeit hervor, und mit dieser ging eine gesteigerte Ermüdbarkeit einher, welche fast von allen Lehrern bei den Schulkindern beobachtet wurde.

Aber nicht allein die mangelnde Nahrung führte zu einer Funktionsstörung des Nervensystems, sondern auch die Unmöglichkeit der Regulierung der Körpertemperatur innerhalb bestimmter Grenzen wirkte äußerst ungünstig auf gewisse Nervenfunktionen. Sonst sorgten wir — auch bei unseren ärmsten Schulkindern — durch zweckmäßige Kleidung im Winter für eine Verminderung, im Sommer für eine Steigerung der Wärmeabgabe. Damit wurde auch das Nervensystem auf annähernd gleicher Temperatur erhalten. Ist aber nun unser Körper längere Zeit hindurch niedrigen Temperaturen ohne Schutz ausgesetzt, so versagt die Wärmeregulierung, die Körpertemperatur sinkt und das Nervensystem zeigt die Anzeichen einer Lähmung.

Als im schweren Winter 1916 die Kinder in den deutschen Volksschulen so träge vor sich hinstarrten, sich oft kaum aufrütteln ließen, wenn wir über ihre unleidliche Vergessenheit klagten, dann waren das zum größten Teil die Erscheinungen einer Lähmung des Nervensystems, hervorgerufen durch mangelnde Temperierung des kindlichen Körpers. Es waren die Wirkungen der feindlichen Handelsblockade, welche den Armen nicht gestattete, ihre Kinder ausreichend gegen die Kälte durch passende Kleidung zu schützen. Kleidung und Schuhwerk waren bezugsscheinpflichtig und konnten nur bei dringendstem Bedarf abgegeben werden. Aber infolge der hohen Preise war es nur den Wohlhabendsten möglich, sich in den durch die Bezugsscheinpflicht gesteckten engen Grenzen mit schützender, wärmender Bekleidung zu versorgen. Die armen Schulkinder kamen im Sommer barfuß zur Schule. Das gänzlich unzulängliche Schuhwerk führte im Herbst und Winter zu den mannigfachsten Erkältungskrankheiten und damit zu einem häufigen Aussetzen des Schulunterrichtes, wodurch viele Wissenslücken entstanden.

Machte sich schon infolge der Unterernährung ein erhöhtes Wärmebedürfnis, also der Wunsch nach ausreichender Kleidung, insbesondere bei den schwächlichen und blutarmen Kindern geltend, so wurde dieses Bedürfnis noch erheblich verstärkt durch den überall auftretenden Mangel an Heizstoffen. Die zwar vorhandenen Kohlen konnten nicht herangeschafft werden, und so ließ sich auch eine ausreichende Beheizung der Schulräume im strengen Winter des Jahres 1916 und hernach auch 1917 nicht durchführen. Die Schulkinder, die in den Schulzimmern frieren mußten, waren zu intensiver geistiger Arbeit unfähig. Der Kältereiz verlangsamte und verringerte die Lebensvorgänge und veranlaßte eine Lähmung der Nerventätigkeit.

Die experimentelle Psychologie hatte bereits in Friedenszeiten der Ermittlung der geistigen Leistungsfähigkeit der Schüler ihr besonderes Augenmerk zugewendet. Mit Hilfe äußerst feinsinniger Ermüdungsmaßmethoden war es ihr gelungen, gewisse Normen für die geistige Arbeit der Schüler zu finden und die Abhängigkeit derselben von äußeren Einflüssen aufzuweisen. Eine mit der von Prof. Weichardt in Erlangen angegebenen Maßmethode gefundene Ermüdungskurve eines arbeitenden Volksschülers zeigte im Frieden den in Fig. 1 verzeichneten Verlauf. Die Kurve in Fig. 2 (gewonnen aus mehr-

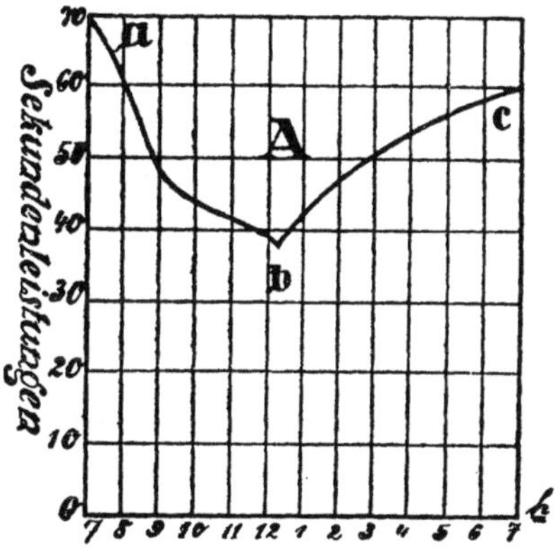

Fig. 1.

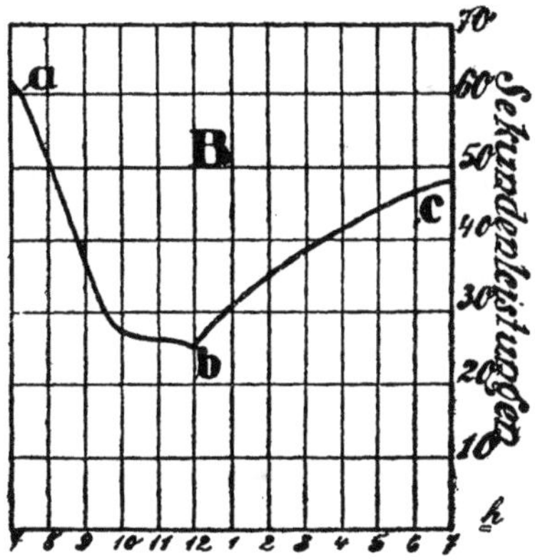

Fig. 2.

fachen Versuchsreihen des Verfassers Lorentz) gibt dagegen die Veränderung der Arbeitsleistung von Volksschülern in der Kriegszeit wieder.

Die Ermüdungskurve *A* aus der Friedenszeit zeigt einen allmählichen Abfall der Leistungsfähigkeit während des Schulunterrichtes bis zum Punkt *b* und dann eine allmähliche Erholung bis zur anfänglichen Leistungsfähigkeit. Demgegenüber zeigt sich die Arbeitsleistung bei den Schulkindern während der Kriegsjahre bereits in ihrer Anfangshöhe stark herabgesetzt. Die Ermüdung trat infolge der oben geschilderten Lähmungserscheinungen viel schneller ein, um hernach nur äußerst langsam wieder anzusteigen, ohne zumeist die frühere Leistungshöhe ganz wieder zu erreichen.

Die mit ausgewählten Rechenmethoden erzielten Versuchsergebnisse wiesen bei den Schülern mannigfache Symptome der schnelleren Ermüdbarkeit auf. Die so notwendigen Apperzeptionen und Assoziationen beim Rechenunterricht erschienen sehr verlangsamt. Es war ein Verlust an Energie und Tatendrang, insbesondere auch bei den sonst viel lebhafteren Knaben, zu konstatieren. Daneben zeigte sich physiologisch die größere und leichtere Ermüdbarkeit der Schulkinder in einer Verengerung des Gesichtsfeldes, die sich nachweisen ließ in einer gehäuften Zahl von Verbesserungen und Veränderungen der geforderten Rechenexerzitien bei sonst gewissenhaft und zuverlässig arbeitenden Schulkindern. Die Perzeptionsfähigkeit und die geistige Frische hatten ganz bedenklich abgenommen, infolge der so stark herabgeminderten Nahrungsmengen.

Um nun den Anforderungen der „Gehirndiät" wenigstens im großen gerecht zu werden, wurden von seiten der Unterrichtsverwaltungen die Arbeitsziele herabgemindert. Es kam zu einem Wegfall der sonst üblichen Versetzungsprüfungen und auch der notwendige Ausfall mancher Unterrichtsstunden wirkte gleichsam als Sicherheitsventil gegen eine gerade in diesen Zeiten doppelt verderblich wirkende Arbeitsüberbürdung.

Der geistigen Überbürdung gesellt sich oftmals noch eine körperliche Übermüdung hinzu. Das stundenlange Anstehen nach den rationierten Nahrungsmitteln, oftmals eine Überspannung der kindlichen Körperkräfte beim Heranschaffen des schweren Brennmaterials für den elterlichen Haushalt und endlich die Übernahme von Arbeitsleistungen, deren Verrichtung bisher den Erwachsenen zustand — alles das führte zu einer dauernden Übermüdung, die sich bei dem mangelnden Essen und beim unzureichenden Schlaf nicht kompensieren ließ. Deshalb mußten sogar die körperlichen Übungen in der Schule, der Turn- und Sportbetrieb wesentlich eingeschränkt werden, um die körperlichen Ermüdungsgelegenheiten in der Zahl nicht noch zu vermehren; dagegen mußte auf die Kinder eingewirkt werden, durch möglichste Innehaltung von Ruhezeiten die Ausnutzung der minderwertigen, vegetabilischen Nahrung zu erhöhen. Die sonst so lebensfrohe, spiel- und sportlustige deutsche Jugend wurde durch die feindliche Hungerblockade um die frohe und ungetrübte Kinderzeit gebracht. Mut, Gewandtheit und Körperkraft unserer kommenden Generation sind in Frage gestellt, wenn es nicht bald gelingt, ihre Körperkräfte wieder zu beheben.

Wegen der innigen Wechselbeziehungen zwischen Geist und Körper pflegen Störungen des körperlichen Befindens auch den Geist, insonderheit das Gedächtnis, nachteilig zu beeinflussen. So hängt die Sicherheit des Behaltens auch von der leiblichen Gesundheit ab und trägt deren Erhaltung und Förderung dazu bei, dem Kinde die Lernarbeit zu erleichtern und den gedächtnismäßigen Erfolg des Unterrichts zu sichern. Schon der gesunde Mensch ist nicht jederzeit für eine Gedächtnisarbeit gleich gut disponiert. In den vorhin geschilderten Zuständen geistiger und körperlicher Ermüdung haften die Eindrücke weniger leicht und sicher als im Zustande der Frische. Der jeweilige Gemütszustand beeinflußt die Leistungsfähigkeit des Gedächtnisses ganz bedeutend. So war auch der Geist der hungrigen Kinder, die immer wieder durch ein unstillbares Hungergefühl belästigt wurden, für neue Eindrücke viel weniger empfänglich, weniger zur Sammlung und Aufmerksamkeit fähig als sonst in den Zeiten des normalen Frohsinns und einer gleichbleibenden Gemütsruhe. Oft kam es vor, daß bei sonst ganz leistungsfähigen Kindern alle Vorstellungen versagten. Mancher Mißgriff und manche Ungerechtigkeit des Erziehers in der Behandlung solcher Kinder ist also auf das Konto der feindlichen Aushungerungspläne zu setzen. Präsentes Wissen ist disponibles Kapital, das wir in unsere Kindesseelen pflanzen, damit sie für spätere Zeiten damit arbeiten und wirtschaften können. Noch energiesparender ist aber für das Geistesleben des Menschen eine hohe Steigerung der formalen Seite des Gedächtnisses, um das Gehirn so auszubilden, daß es sich ohne Überlastung dereinst im Berufe bewährt, daß ihm Erschöpfung, reizbare Schwäche und nervöse Leiden erspart bleiben. Die durch das Gedächtnis fest verankerten Vorstellungsmassen leisten beim Verfall durch Krankheit und Alter auch am längsten Widerstand. Da nun für zahlreiche Volksschulkinder von den 8 Schuljahren die Hälfte infolge der Hungerblockade ausgefallen ist für die unterrichtliche Auswertung aller Geisteskräfte, so kann man den ungeheuren Verlust ermessen, den das deutsche Volk auch in seiner zukünftigen Arbeitsleistung noch dereinst erfahren wird.

Mit der Ernährung des Gehirns und damit mit der allgemeinen Ernährung steht im innigsten Zusammenhang eine weitere Großhirnfunktion, nämlich die Aufmerksamkeit der Schüler. Sie ist das „Licht des Lernens", und sie allein verbürgt den Erfolg allen Unterrichtens. Soll der Unterricht sich fruchtbringend gestalten, so muß darauf Bedacht genommen werden, alle hemmenden und störenden Einflüsse vom Kinde fernzuhalten. Insbesondere müssen die Kinder vor jeglicher körperlichen und geistigen Ermüdung bewahrt bleiben. Die geistige Ermüdung aber ist eine Folge der andauernden Unterernährung unserer Schulkinder und bedingt ihre oftmals große Unaufmerksamkeit. Sonst ganz tüchtige Schüler erwiesen sich teilnahmlos und zerstreut, weil sie unter dem Druck eines körperlichen, sonst unbekannten Unwohlseins standen, welches ihnen das Aufmerken auch beim besten Willen unmöglich machte. Das unaufhörlich nagende Gefühl des Ungesättigtseins ließ die stärkeren Willensimpulse zur willkürlichen Aufmerksamkeit gar nicht aufkommen. Die starken Anreize dazu aber beschleunigten ihrerseits wieder den Eintritt der Ermüdung. Es kam in solchen Fällen zu einem rhythmischen Schwanken der Aufmerksamkeit, wie man sie an sich selbst beobachtet, wenn man einmal körperlich stark ermüdet war. Auch die mannigfachen Gemütsdepressionen, in denen sich unsere Volksschüler befanden, wenn sie sich das Elend und die Not des Elternhauses, welche sie niemals so kraß kennengelernt hatten, vorstellten, bewirkten bei ihnen eine starke Abnahme der Aufmerksamkeit.

Dazu kam dann noch — namentlich bei den älteren Mädchen der Oberstufe — ein Unlustgefühl, hervorgerufen durch Störungen des normalen Ablaufs der Geschlechtsfunktionen. Nach Feststellungen von Ärzten erschwerte der allgemeine Rückgang des Ernährungszustandes die Blutbildung und verursachte dadurch bei den älteren Schulmädchen ein langdauerndes Aussetzen der Menstruation. Durch das häufige Fehlen solcher Mädchen im Unterrichte wurde der Abschluß ihrer Schulbildung sehr in Frage gestellt. Eine häufig beobachtete Schulunlust in den oberen Klassen der Mittel- und Oberschulen für Mädchen hat in dieser Erscheinung sicherlich ihren tieferen Grund. Eine weitere Folge dieser Entwicklungsstörungen beim heranwachsenden weiblichen Geschlecht dürfte die auf mangelnder Ausbildung der Geschlechtsorgane beruhende Unfruchtbarkeit der kommenden Müttergeneration werden.

Nicht allein die gesamte Bildung des Vorstellungskreises der deutschen Schuljugend hat durch die Ernährungsnot mannigfache Hemmungen erfahren, viel mehr noch wurde das Gefühls- und Willensleben der heranwachsenden Knaben und Mädchen bedroht. Die sittlichen Gefühle wurden häufig durch das nackte Triebleben überwuchert. Die sinnlichen Gefühle des körperlichen Schmerzes, des Hungers und Durstes, der körperlichen Ermattung und Erschlaffung beherrschten fast alle Empfindungen und wurden oft bestimmend für das Wollen und Handeln. Es fehlte an den unerläßlichsten Maßstäben für das sittliche Handeln, und so kam es zu einer gesteigerten Kriminalität unserer Jugendlichen. Die sittliche Gefährdung unserer Jugend hat namentlich im letzten Kriegsjahre bedeutende Fortschritte gemacht, insbesondere durch das Erlahmen des Pflichtgefühls und der Willensstärke. Es lassen sich in dem steigenden

Anwachsen der Kriminalität unter den Jugendlichen ganz deutlich drei Perioden unterscheiden: die erste, in der die Jugend unter dem Einfluß der Kriegsbegeisterung sich unter allen Umständen die Mittel verschaffen wollte, an die Front zu gehen, und nun namentlich Diebstähle beging; dann die zweite, in der unter dem Einfluß der Lebensmittelknappheit die Eigentumsverbrechen sich auf dieses Gebiet hinzogen; und endlich die dritte, in der unter dem Fortbestehen des Mangels die Roheitsverbrechen — auch zur Erlangung von Nahrung und Kleidung — ganz erschreckend zunahmen. Diese bedauerlichen Zustände sind ein deutlicher Beweis dafür, daß in den Schulen auch der Hauptzweck der Erziehung — die Heranbildung sittlicher Charaktere — gefährdet ist, und zwar nicht allein durch die Kriegsumstände, sondern mehr noch durch die Folgeerscheinungen der feindlichen Hungerblockade.

Erziehung und Unterricht, die körperliche und geistige Entwicklung der deutschen Jugend, die in 10—20 Jahren die Gesellschaft bilden soll, sind aufs äußerste gefährdet.

Vielfach findet man im Zusammenhang mit den Friedensbedingungen, die Deutschland auferlegt werden sollen, den Gedanken in der Presse geäußert, daß vom deutschen Volk zu befürchten sei, daß es sich zu rasch erhole und dann aufs neue den Frieden der Welt bedrohe. Nun, ich glaube, daß diese Befürchtung wirklich kaum durch Tatsachen zu stützen ist. Wohl aber haben die jüngsten Ereignisse eine andere Gefahr deutlich erkennbar aufgezeigt, nämlich die, daß das durch Unterernährung heruntergekommene deutsche Volk nicht mehr in der Lage sein könnte, der gefährlichen Nervenkrankheit des Bolschewismus denjenigen Widerstand entgegenzusetzen, der im Interesse der Sicherheit Europas wünschenswert ist. Die Ärzte kennen den großen Einfluß des Ernährungszustandes auf alle Nervenerkrankungen. Möchten ihn auch die Politiker erkennen.

Die englische Hungerblockade in ihren Wirkungen auf Kriminalität und Verwahrlosung Jugendlicher

Von

Ruth v. der Leyen
Leiterin der Berliner Jugendgerichtshilfe

Was sind die Wirkungen dieser Hungerblockade? Not und Elend, wohin man sieht, völlige körperliche Erschöpfung bei den Daheimgebliebenen, Männern, Frauen, Kindern; das heranwachsende Geschlecht an Leib und Seele geschwächt, „vielerorts die guten Sitten des Rechts und der Religion vollständig zerstört“. Das sind in großen Zügen die Wirkungen der Hungerblockade. Die Kriminalität der Jugendlichen steigt — steigt. Ein Rückgang ist nicht abzusehen. Fürsorgeerziehungsanstalten und Gefängnisse sind überfüllt, und wie sehen die Insassen der Jugendgefängnisse aus? Aus der Not der Zeit heraus sind sie vielfach zu ihren Straftaten gekommen. Nicht wenige von ihnen wurden durch die Verbüßung der Gefängnisstrafen unfreiwillig zum Tode verurteilt. Sie starben infolge der schlechten, nicht zu verbessernden Gefängniskost an schleichender Krankheit oder sie zogen sich ein chronisches Leiden zu, das sie erwerbsunfähig oder lebensuntüchtig machte.

Fast scheint es, als wenn uns ein Grauen vor der Verderbtheit der deutschen Jugend angesichts der Kriminalitäts- und Verwahrlosungszahlen in deutschen Landen packen müßte. Im Jahre 1918 wurden in Berlin 4685 Jugendliche zwischen 12 und 18 Jahren wegen Vergehen und Verbrechen verurteilt, davon allein wegen Eigentumsdelikten 3217.

Auffallend ist es auch, daß die Kriminalität der Jugend, an der vor dem Kriege hauptsächlich die ungelernten Arbeiter beteiligt waren, sich jetzt auch auf Lehrlinge, ja auf Schüler höherer Lehranstalten ausbreitet. So heißt es in den amtlichen

Nachrichten der Charlottenburger Armenverwaltung: Unter den 670 verurteilten Jugendlichen wurden 95 gelernte Arbeiter, darunter Schlosser, Elektrotechniker, Klempner und Tischler, verurteilt. Von den Lehrlingen haben viele den Arbeitgeber bestohlen, indem sie Metallstücke entwendeten, um sie beim Althändler zu verkaufen. Sie waren meist vom Händler oder von älteren Kameraden verführt worden. Alles Beweise dafür, wie sehr die Lebensmittelnot diese sonst meist einwandfreien Kreise der Kriminalität in die Arme trieb.

Aber ist denn die deutsche Jugend wirklich schlechter geworden, ist es ein anderes Geschlecht als das, das 1914 herauszog, um sein Vaterland voll glühender Opferwilligkeit zu verteidigen, sind die Frauen andere, die tränenlos und stolz Männer und Söhne gehen ließen, in dem Bewußtsein dessen, was das Vaterland von ihnen verlangte?

Nein, es sind die gleichen, die gleiche Gesinnung lebt in ihnen fort. Nur die harte Grausamkeit dieses Krieges, nur die härteste Not, durch Englands Hungerblockade hervorgerufen, hat sie gewandelt, hat ihr starkes Rechtsbewußtsein verwischt, hat Kinder und Jugendliche mit dem Makel des Gefängnisses behaftet.

Die heranwachsenden Jungen und Mädchen, die durch den Menschenmangel in immer steigendem Maß bei längerer Dauer des Krieges zu schwerer Arbeitsleistung herangezogen wurden, konnten einfach mit den Lebensmittelrationen nicht satt werden, sie konnten die von ihnen verlangte Arbeit unmöglich leisten. Dies war der eigentliche Grund für die schweren Strafhandlungen: Diebstähle von Brot, Mehl und Kartoffeln wurden begangen; Brotkarten gefälscht, gefälschte Brotkarten wurden gekauft, das Stück bis zu 6 Mark. Die Berichte über Einbrüche in Bäckereien, in Mühlen mehrten sich. Jugendliche beteiligten sich besonders häufig an Mehlschiebungen, in der Hoffnung, etwas von dem Mehl abzubekommen.

Ein kleiner Junge stiehlt, wie er gar nicht mehr satt werden kann, zwei Brote von seinem Arbeitgeber, versteckt sie in der Nähe und geht täglich einmal hin zu diesem Schatz, um wenigstens dieses eine Mal am Tage satt zu werden. Ein anderer, der bei der Post angestellt ist, hat bemerkt, daß eine Frau, für die er auch die Briefe zu bestellen hatte, öfter Zusatzbrotmarken bekam. Er hat die Briefe an diese Frau unterschlagen. Bei Gericht gab der zarte, blasse Kerl an, immer Hunger gehabt zu haben, und dieser Hunger wurde noch durch das Treppensteigen als Briefträger vermehrt. Ein Mädchen stiehlt für ihren Verlobten dem eigenen Vater, dem als städtischen Beamten die Brotkartenverteilung obliegt, Brotmarken. Urteil: 2 Monate Gefängnis. In der Schule wurden die Frühstückskörbchen der Kameraden ausgeraubt. Ein kleiner Junge von 7 Jahren, der wegen dauernder Fortnahme der Frühstückstaschen seiner Mitschüler ernsthaft zur Rede gestellt wurde, meinte völlig einsichtslos, mit leuchtenden Augen: „aber ich hatte doch solchen Hunger!" Felddiebstähle mehrten sich in erschreckender Weise. So hören wir aus Stuttgart, daß in einem Vierteljahr 273 Verurteilungen 12—14jähriger Kinder wegen Felddiebstählen erfolgten. Was ist die Ursache dieser Felddiebstähle? Man rückt aus der Stadt aus, weil man hungern muß und geht aufs Feld und nimmt sich, was man findet. Die Mutter schickt ihren Jungen „hamstern", weil sie das Hungern der Kinder nicht mehr mit ansehen kann und weil Kartoffeln doch wenigstens satt machen. Was soll die Mutter auch zu Sommers Anfang tun, wenn es weder Brot noch Kartoffeln noch Gemüse in einigermaßen ausreichender Menge gibt? Kann man es einer Mutter verargen, wenn es ihr dann gleichgültig ist, wo Gemüse und Kartoffeln herkommen, wenn sie nur etwas hat, um sich und die Familie satt zu machen?

Die Kinder werden dann, beim Hamstern ertappt, festgenommen, ja, sind sie weit weg von daheim, wegen Obdachlosigkeit ins Untersuchungsgefängnis gebracht, sie müssen hier bleiben, bis die Eltern sie abholen oder bis ein caritativer Verein sich ihrer annimmt. Leider müssen die Kinder bestraft werden, schon, weil es gilt, eine geregelte Nahrungsmittelverteilung an alle zu ermöglichen.

Oft kommt es auch vor, daß Kindern die Sorgen ihrer Mütter unerträglich werden. Wie rührend ist es da zu hören, wenn ein Junge auf ernste Vorhaltungen wegen eines Felddiebstahls erwidert, „ich habe doch den Kohl nur genommen, um der Mutter eine Freude zu machen". Die moralische Widerstandskraft eines Kindes, eines heranwachsenden jungen Menschen, muß durch das ständige Hungergefühl geschwächt werden. Jungen aus den ordentlichsten Familien werden straffällig, weil sie den an sie herantretenden Versuchungen nicht mehr Widerstand zu leisten vermögen. Ganz besonderer Gefährdung sind die jugendlichen Postangestellten ausgesetzt. Sie wissen, daß in allen den Paketen und Päckchen, mit denen sie täglich zu Hunderten zu tun haben, Lebensmittel, Butter, Wurst, Schokolade, enthalten sind. Sie wissen es, einige Wochen lang geht es gut, sie erinnern sich ihres Beamteneides, aber schließlich, bei allzu großer Erschöpfung und Ermüdung, siegt das Hungergefühl — auch bei den besten von ihnen. So wird uns berichtet:

Georg T. ist ein sehr schwächlicher Bursche, seine Mutter war lungenleidend und ist tot, der Vater, von Beruf Postsekretär, war infolge des Mangels an Beamten beruflich stark überlastet und erkrankte, so daß er einen Badeort aufsuchen und seine beiden Kinder der Obhut einer leider unzuverlässigen Hausdame überlassen mußte.

Georg war als Aushelfer bei der Post beschäftigt, hat eine Postanweisung unterschlagen, indem er die Unterschrift des Empfängers fälschte, und den Betrag von 67 Mark in Nahrungsmitteln angelegt.

Dieser von Hause aus gut erzogene Mensch hätte wahrscheinlich niemals sich eine so schwere Verfehlung zuschulden kommen lassen, wenn er, nicht durch unzureichende Ernährung entkräftet, gegen Versuchungen widerstandsfähiger gewesen wäre.

Otto B. hat gute Schulzeugnisse, seine Arbeitgeber haben über seine Leistungen und seine Führung nie zu klagen gehabt. Die Eltern des Jungen sind rechtliche Leute, der Vater sehr leidend, der Junge gibt seinen ganzen Arbeitsverdienst zu Hause ab.

Otto nahm bei der Post eine Stelle an, war als Kastenleerer und Sortierer beschäftigt und hat auch bisweilen Nachtdienst gehabt.

Während des Nachtdienstes hat der junge Bursche, der völlig erschöpft war, da er die Mutter bei den ihr obliegenden Hausreinigungsarbeiten und der Pflege des schwerkranken Vaters tagsüber unterstützen mußte, ein kleines Feldpostpaket, in welchem er Eßbares vermutete, eingesteckt, diese Handlung wurde beobachtet, der Junge sofort zur Anzeige gebracht und zu einer Woche Gefängnis verurteilt.

Da zwar die häuslichen Verhältnisse recht ärmlich sind, der Junge aber keine Not zu leiden hatte, ist diese Straftat des sich bis jetzt tadellos führenden Burschen zweifelsohne nur darauf zurückzuführen, daß er seinerzeit bei Begehung der Straftat stark überhungert und übermüdet, durch Mangel an ausreichender Nahrung entnervt und nicht widerstandsfähig gegen die ihm kommende Versuchung war.

Nicht nur durch ihren Beruf als Fleischerlehrlinge, Schlachthofangestellte, Bäckergesellen, als Arbeiter in Marmelade-, Margarine-, Konfitürenfabriken werden die Jugendlichen zu Diebstählen verführt, sie hören unter Umständen auch, daß ihre Nachbarn Lebensmittelsendungen bekommen haben, und versuchen, diese in ihren Besitz zu bringen. So schnitten drei Kinder im Alter von 13, 10 und 8 Jahren die Küchentürfüllung bei ihrer Nachbarin heraus, weil sie wußten, daß in der Küche heißersehnte Lebensmittel aufbewahrt wurden. Ein anderer Junge von 17 Jahren erbrach mit zwei Kameraden die gefüllte Speisekammer der Verwandten. Der Hunger hatte ihn zu einem gewiegten Einbrecher gemacht: er öffnete alle Türen mit

Dietrichen, und gleich an Ort und Stelle wurden mehrere Büchsen mit unverdünnter kondensierter Milch ausgetrunken. — Ein anderer Fall: drei Kinder, 13, 12 und 9 Jahre, halfen der Mutter beim Zeitungsaustragen. Die Mutter hat sieben Kinder, von denen drei unter 6 Jahren sind. Die Einnahmen sind knapp, die Kinder sehr gesund, kräftig und bei bestem Appetit. Sie haben mehrfach in Küchen, wenn sie Zeitungen austrugen, Brot, Wurst und Konservenbüchsen, die herumstanden, gestohlen.

Es ist aber auch, als wenn das Kindergemüt durch dieses Hungergefühl verdorben würde: Sechs Kinder einer Familie im Alter von 18—9 Jahren sind nicht zu zügeln, weil sie ständig Hunger haben. Die Großen wollen nicht arbeiten, weil sie nicht satt werden, die Kleineren schlagen sich um das Essen. Sie sind untereinander voller Mißgunst, wenn eines der Geschwister einmal einen Extrabissen hat und die Mutter, lungenkrank, ist durch die schlechte Ernährung zusammengebrochen und kann die Kinder nicht mehr erziehen.

Schließlich stehlen die Kinder nicht nur die Lebensmittel selbst, es wird auch Geld gestohlen, um Lebensmittel unter der Hand zu erwerben, oder das Geld wird dazu verwendet, um sich Eßmittel zu verschaffen, gleichgültig welcher Art und zu welchen Preisen. Ein 13 jähriger Junge unterschlug 120 Mark und gab das Geld an einem Tag für 2 Pfund Wurst, 2 Pakete Keks, 8 Pfund Kirschen, 2 Glas Bier, 4 Stück Schaumtorte und ein Mittagessen, bestehend aus schwarzem Kaffee mit Hering, aus und all das aß der Junge an einem Tag auf. Ein 15 jähriger hat seinem Vater nahezu 1000 Mark entwendet; er hat sich für das Geld nur Lebensmittel gekauft und ist aufs Land gefahren, um sich bei einer Tante einmal richtig satt zu essen. Auch die sich häufenden Diebstähle von Zigaretten sind zum großen Teil darauf zurückzuführen, daß die Jugendlichen das nagende Hungergefühl durch Rauchen zu betäuben suchen. Wissen wir doch von Erwachsenen, daß dieses Mittel häufig bei Hungerqualen angewendet wird.

Das ist nur eine Seite der sittlichen Verwahrlosung, die auf die Hungerblockade zurückzuführen ist, es gibt noch traurigere Bilder. Was gibt es Schlimmeres, als wenn Söhne den Vater bestehlen, Wäsche und Kleidungsstücke, ja die ganze Wirtschaft von Eltern und Geschwistern verkaufen, um Geld für Lebensmittel zu bekommen, oder wenn Mädchen, wie es der Jugendfürsorge bekannt wurde, sich einfach einem unsittlichen Lebenswandel hingeben, weil sie von ihren Liebhabern in Restaurants geführt werden, wo sie sich satt essen können, wenn Jungen der Verführung Homosexueller leichter als sonst verfallen, weil sie reichlich Geld bekommen und sich nun Lebensmittel nach Bedarf kaufen können. Steckt in diesen Jungen und Mädchen innere Verrohung und Verwahrlosung, sind sie alle geborene Diebe, Verbrecher und Herumtreiber? Nein — der Krieg hat sie zu dem gemacht, was sie geworden sind, und in dem Krieg als größter Machtfaktor Englands Aushungerungspolitik.

Diese Aushungerungspolitik hat noch weitere Kreise gezogen: auch die Moral der Erwachsenen hat gelitten, ihr Rechtsbewußtsein hat sich verschoben, das Gefühl für Mein und Dein hat sich verwischt, und die Jugend sieht, wie die Nahrungsmittelverordnungen übertreten werden, wie ihre eigenen Mütter gestohlenes Gut annehmen, ohne zu fragen, woher? Kann man es denn einer Mutter verübeln, wenn sie ein paar Büchsen mit Ölsardinen, ja sogar einen Schinken, der ihr von Mann oder Sohn heimgebracht wird, annimmt? Kann man es ihr verargen, wenn sie Kaninchen, Hühner und Tauben, ja sogar eine Ziege in den fleischfreien Wochen für sich verwendet, froh, die Kinder einmal sattmachen zu können, wenn sie die Frage nach dem Woher dieser Leckerbissen beiseite schiebt? Man höre nur von den Zuständen, wie man sie jetzt nur allzu häufig findet, man sehe die verhungerten und unterernährten Kinder, die abgearbeiteten Mütter und dann verurteile man. „Wer unter euch ohne Sünde ist, der werfe den ersten Stein auf sie.“ Einige erschütternde Fälle mögen vor Augen führen, was das deutsche Volk jetzt leidet:

Familie R. Die Mutter, Witwe, verdient zurzeit als Fabrikarbeiterin wöchentlich 45 Mark. Die drei schulpflichtigen gutgearteten Kinder sind so zerlumpt und verelendet, daß die Kinder wiederholt wegen völlig ungenügender Kleidung aus der Schule nach Hause geschickt werden mußten. Das jüngste Kind mußte wegen krätzeartigen Ausschlags auf dem ganzen Körper im Krankenhause aufgenommen werden. Die ältere 16jährige Tochter hat aus Verzweiflung über die häuslichen Zustände einen Selbstmordversuch durch Gasvergiftung gemacht und befindet sich zurzeit noch in einem Berliner Krankenhause.

Familie P. Der Ehemann, Gürtler, seit dem 10. April 1915 im Heeresdienst. Die Ehefrau ist infolge einer Operation an Blutvergiftung arbeitsunfähig. Sie ist im Jahre 1916 zu 6 Monaten Gefängnis verurteilt, weil sie aus Not und Verzweiflung gestohlene Lebensmittel angenommen und für ihre sieben Kinder verbraucht hat. Der älteste 16jährige Sohn, ein durchaus gutgearteter Bursche, ist zurzeit wegen Hehlerei angeklagt, weil er — als Kutscher tätig — gestohlene Lebensmittel gefahren hat, um der Mutter mehr Geld nach Hause zu bringen. — Das Aussehen der sechs jüngeren, schul- und vorschulpflichtigen Kinder ist infolge völliger Unterernährung so elend, daß die Straftaten der Mutter und des vorbenannten Sohnes vom menschlichen Standpunkt aus wohl zu verstehen sind. Die beiden jüngsten Kinder im Alter von 5 und 6 Jahren sind körperlich sowie geistig völlig zurückgeblieben und haben das Aussehen von 2- bzw. 3jährigen Knaben.

Familie W. Der Ehemann, Arbeiter, hat einen durchschnittlichen Wochenverdienst von zurzeit 60—70 Mark, gibt aber für den Unterhalt seiner acht Köpfe starken Familie wöchentlich nur 25—28 Mark Kostgeld an seine Ehefrau ab. Für den Rest seines Verdienstes kauft er nur für sich im Schleichhandel teuere Lebensmittel (Butter Pfund 24 Mark, Brot 1140 g für 6 Mark). Die Ehefrau und die vier jüngeren Kinder im Alter von 14—3 Jahren zeigen das typische Bild vollständiger Unterernährung. Die Kinder sind zum Teil mit Hautausschlägen behaftet. Eine Tochter ist der Fürsorgeerziehung überwiesen worden, weil sie auf Bahnhöfen wiederholt Taschendiebstähle ausgeführt hat.

Familie W. Der Vater, seit 1913 Arbeiter, verdiente zu Kriegszeiten wöchentlich 100 Mk. (jetzt 85 Mk). Die Mutter versieht den Haushalt und sorgt für die Kinder. Es sind ihrer elf im Alter von 16 Jahren bis zu 9 Monaten. Nur die zwei ältesten sind erwerbsfähig. Die Familie kann bei der Teuerung durch den Kriegszustand unmöglich mit dem Verdienst auskommen. Die Mutter gibt allein für das, was sie auf Karten bekommt, 67,50 Mk. in der Woche aus. Miete beträgt 35 Mk. Infolge der Wohnungsnot werden sie, da die Wohnungen immer günstiger anderweitig vermietet werden können, dauernd ausgemietet. Die Kinder sind alle unterernährt, bekommen den ganzen Tag über nichts Warmes zu essen, weder mit Kartoffeln noch Brot kommen sie aus. Da das Fleisch zu teuer ist, tauscht Frau W. die Fleischkarten für Kartoffelkarten ein, um nur den ärgsten Hunger stillen zu können. Auch in bezug auf ihr Mobiliar ist die Familie entsetzlich heruntergekommen. Zwei Betten für zwölf Personen; die Kinder schlafen zum Teil auf der Erde. Neuanschaffungen sind bei den jetzigen Preisen für die Leute unmöglich; das Material aller Sachen auch jetzt so schlecht, daß selbst, wenn sie jetzt etwas kaufen, es nicht hält, und so ist ein Emporkommen selbst bei eingehender Hilfe für die Familie unmöglich.

Der Krieg, der sich immer stärker fühlbar machende Mangel an Arbeitskräften, hatte es Tausenden von Frauen zur Pflicht gemacht, an Stelle der Männer in Reih und Glied zur Arbeit anzutreten. Sie haben diese Pflicht stolz und froh erfüllt, aber wieviele Frauen sind auf Arbeit gegangen aus bitterster Not, weil trotz aller Fürsorge von Reich und Stadt und freiwilliger Liebestätigkeit die Kriegsunterstützung nicht ausreichte, um die Kinder satt zu machen. Es war eben unmöglich, mit den zugeteilten Lebensmitteln heranwachsende Jungen und Mädchen zu sättigen. Es mußte Geld verdient werden, um die nötigsten täglichen Lebensmittel zu enormen Preisen hinzuzukaufen. Und das Los ihrer Kinder? Sie bleiben inzwischen ohne Aufsicht, sie treiben sich auf der Straße, im Freien umher, schwänzen die Schule, sie rücken der Mutter aus und verfallen schließlich der Verwahrlosung und der Kriminalität. Wenn dann die Eltern, der auf Urlaub daheim weilende Vater und die müde, abgearbeitete Mutter zum Richter, zu den Fürsorgevereinen kommen, um Hilfe für ihr gefährdetes Kind zu erbitten, dann entrollt sich fast stets das gleiche Bild. Das Kind hat bisher weder in der Schule noch im Haus Schwierigkeiten gemacht; jetzt ist es nicht mehr wiederzuerkennen, es stiehlt Geld, um sich dafür etwas zu essen zu kaufen, die Speisekammer wird erbrochen, die Wochenvorräte in einem einzigen Tage aufgegessen, die Lebensmittelkarten werden gestohlen und verkauft. Und wie leicht verliert ein Kind unter solchen Umständen jedes Gefühl für Recht und Unrecht, so daß es schließlich keine Gewalttat mehr scheut, um sich in den Besitz von Geld oder Nahrungsmitteln zu bringen.

Und nochmals, sind alle diese Kinder Verbrecher? Nein — denn sie wurden stets vernünftig und lenkbar, wenn es gelang, sie rechtzeitig in gesündere Lebensverhältnisse zu bringen, wenn sie auf dem Lande oder in der Kleinstadt, wo die Lebensmittelversorgung leichter war, sich satt essen, wenn sie gut gepflegt werden konnten.

Gefahr und Gefährdung, wohin man sieht. Wenn Deutschlands Jugend nicht unter dem Druck der Zeit zugrunde gehen soll, wenn Deutschland dem Versprechen des freien Amerika gemäß frei bleiben soll, wenn ihm nicht jede Möglichkeit des inneren Wiederaufbaus und der freien Weiterentwicklung genommen werden soll, dann muß Englands Aushungerungspolitik ein Ende gemacht werden. Der freie Handel Deutschlands zu Land und zur See ist die Existenzbedingung des deutschen Volkes.

Die Aushungerung Deutschlands

Die „Frankfurter Zeitung“ vom 10. Januar 1919 (Erstes Morgenblatt) schreibt hierüber:

„Im Verlauf einer im Jahre 1917 vom Reichsgesundheitsamt eingeleiteten vertraulichen Enquete über die Gesundheitsverhältnisse in den deutschen Bundesstaaten lautete der von einem Siechenhaus eingeforderte Bericht in lakonischer Kürze: „Die Insassen sind alle gestorben.“ Die Entente darf ihn befriedigt zur Kenntnis nehmen: er ist ein kleines Teilresultat der von ihr verhängten Blockade, die das ausgesprochene Ziel hatte, nicht nur die Versorgung des Heeres zu unterbinden, sondern auch die Zivilbevölkerung Deutschlands, Frauen, Kinder, Greise und alle Waffenlosen an Leib und Leben zu schädigen. Es ist heute möglich, unseren Feinden mit der Gesamtziffer zu quittieren: 763 000 Menschen der Zivilbevölkerung sind in Deutschland den Wirkungen der Hungerblockade erlegen, und bis die Umklammerung gelöst sein wird, werden wohl noch allmonatlich Zehntausende zusammenbrechen. Die fürchterliche Zahl der Todesopfer spricht für sich. Wir verzichten darauf, sie sentimental zu bekränzen. Denjenigen unserer Volksgenossen, die nach jedem deutschen Fliegerangriff auf befestigte Städte wie London und Paris die unschuldigen Opfer bejammerten, sei empfohlen, diese Zahl in ihr Gedächtnis zu pflanzen. Unschuldige fielen hier wie dort, und so mag man beide Kriegsmittel verabscheuen — besser noch, man verabscheut den Krieg überhaupt —, jedenfalls ist die Hungerblockade das Schrecklichste in seinen Wirkungen gewesen: 763 000.

Die Zahl ist unanfechtbar. In einer außerordentlichen Sitzung der Vereinigten ärztlichen Gesellschaften in Berlin vom

18. Dezember 1918 ist sie bekanntgegeben worden. In dieser Sitzung haben unter Vorsitz von Geh. Rat Orth Autoritäten wie die Professoren Rubner, Direktor des Physiologischen Instituts, Kraus, Direktor der Charité, Czerny, Direktor der Klinik für Kinderkrankheiten, Geheimer Rat Hamel, Medizinalreferent im Reichsamt des Innern, Professor Weber, der Berliner Stadtmedizinalrat, Kuttner, Direktor des Virchow-Krankenhauses, Geheimer Rat Beninde, Vortragender Rat im Ministerium des Innern, Vorträge gehalten, jeder über seine fachlichen Erfahrungen. Sie haben widerspruchslos vor 3000 Ärzten gesprochen, und da es sich um Männer der Wissenschaft handelt, deren Namen auch im feindlichen Ausland Ansehen haben, so wird ein Protest aus dem anderen Lager kaum zu erwarten sein. Wer in Deutschland die Kriegsjahre durchgemacht hat, weiß, wie ihm Eier, Mich, Butter, Fleisch, Brot und Kartoffeln gefehlt haben und noch fehlen, und kann sich das Nachlesen der unterrichtenden und erschütternden Vorträge über die Wirkungen der Blockade sparen (sie stehen in der ersten Nummer der „Berliner Klinischen Wochenschrift"), wer nicht bei sich hält, sondern die Verhältnisse im ganzen überdenkt, der kommt auch ohne gelehrten Apparat zu weiteren Folgerungen. Etwa: Man kann mit einem Drittel der früheren Kost nicht auf die Dauer widerstandsfähig bleiben; etwa: das Absinken der Widerstandsstärke gegen Erkrankungen bedingt eine Beschleunigung und Verschlimmerung des Verlaufs gewisser Krankheiten; etwa: die schlechten Futterverhältnisse der Tiere verringern die Kindermilch, und ohne Fett und Eiweiß lassen sich Kinder nicht ohne Schaden großziehen; etwa: beim weiteren Aufbrauchen der Viehbestände und beim weiteren Sinken des Schlachtgewichts werden die Fleischrationen noch schmaler werden; etwa: können den Krankenhäusern die jetzt (fast überall hingeschmolzenen) Sonderzulagen an Milch, Zwieback, Teigwaren, Butter und dergleichen nicht mehr geliefert werden, so ist eine ausreichende und sachgemäße Ernährung der ihnen überwiesenen Kranken

unmöglich, geschweige denn die nach starken Attacken so notwendige Kräftigung. Usw. usw. Das anschaulichste und ergreifendste Bild von der Aushungerung Deutschlands geben die dem Reichsgesundheitsamt und Statistischen Reichsamt mitgeteilten Zahlen. (Daß manche Einzelheiten über die Verheerung unseres Heimatvolkes erst jetzt bekannt werden, liegt an der Geheimhaltungssucht der vorigen Regierung, die, wie Prof. Rubner mitteilte, nur zensurierte Pressemitteilungen zuließ, hinter geschlossenen Türen die Wahrheit verbarg und weitgreifende Untersuchungen infolge des Widerstandes „gewisser mächtiger Persönlichkeiten" verhinderte.) Sie seien, nach einem Referat von Geh. Rat Hamel, Freund und Feind überliefert:

„Vergleicht man, um die Zahl der Opfer der Blockade zu ermitteln, die Sterbefälle der Zivilbevölkerung während des Krieges mit den Sterbefällen im letzten Friedensjahr 1913, selbstverständlich, um zu richtigen vergleichenden Schlußfolgerungen zu gelangen, unter Anwendung aller statistischen Kautelen, so ergibt sich für das Jahr 1914 noch keine merkliche Erhöhung der Todesfälle. Auch in den Jahren 1915 und 1916 ist die Erhöhung der Sterbefälle mit 9½ bzw. 14% noch nicht allzu groß. Dann aber treten in den beiden folgenden Jahren die schweren Schädigungen der Blockade grell in die Erscheinung. Im Jahre 1917 betrug die Zunahme der Sterbefälle der Zivilbevölkerung bereits etwa 32% und im Jahre 1918 sogar 37% gegenüber dem Friedensjahre 1913. Nach sorgfältiger Berechnung ergibt sich für die Jahre 1915 bis Ende 1918 insgesamt eine Zahl von rund 763 000 Todesopfern der Blockade. Hiervon entfallen allein auf das Jahr 1917 260 000 und auf 1918 294 000 Todesfälle (unter Ausschluß der durch die Grippe verursachten Todesfälle!). Weniger bekannt war bisher, daß auch unter den Kindern und den jugendlichen weiblichen Personen die Opfer der Unterernährung sehr schwer gewesen sind. Eine für das Jahr 1917 vorgenommene Auszählung der Sterbefälle nach Altersklassen hatte in dieser Hinsicht das erschreckende Ergebnis, daß im Alter von 1—5 Jahren ein Mehr von rund der Hälfte, im Alter von 5—15 Jahren sogar ein Mehr von 55% an Todesfällen gegenüber dem Friedensjahre 1913 zu verzeichnen war; bei den weiblichen Personen von 15—30 Jahren ergab sich eine Zunahme der Todesfälle um rund 45%. Allein im Jahre 1917 sind über 50 000 Kinder im Alter von 1—15 Jahren und 15 000 Mädchen und Frauen im Alter von 15—30 Jahren durch die Blockade dahingerafft worden. Bei den mehr als 60jährigen Männern und Frauen aber führte 1917 die Blockade in rund 127 000 Fällen zum vorzeitigen Tode! Es hieße die vernichtende Wucht der Anklage, die diese Zahlen gegen die Ungesetzlichkeit der Hungerblockade erheben, verringern, wenn man ihnen Worte der Leidenschaft hinzufügen wollte. Wer will aber gegenüber diesen grausigen Todesopfern unter Kindern, Frauen und Greisen dem deutschen Volke es abzusprechen wagen, daß es in Notwehr gehandelt habe, als es dann auch seinerseits zur Abwehr der Hungerblockade und zur rascheren Beendigung des Krieges zu härteren Kriegsmaßnahmen seine Zustimmung gab? Unter den im einzelnen unter der Blockadeeinwirkung besonders angestiegenen Todesursachen seien nur zwei kurz hervorgehoben. An Tuberkulose starben in den deutschen Orten mit 15 000 und mehr Einwohnern, welche etwa $^3/_8$ der deutschen Bevölkerung beherbergen, im Jahre 1913 im ganzen nur 40 374 Personen, dagegen allein im ersten Halbjahr 1918 41 800. Mithin waren im ersten Halbjahr 1918 bereits mehr Personen in diesen Orten der Tuberkulose erlegen als im gesamten Jahre 1913. Das bedeutet aber für das volle Jahr 1918 gegenüber 1913 eine Verdoppelung der Tuberkulosetodesfälle unter der städtischen Bevölkerung. Damit hat die Tuberkuloseverbreitung in Deutschland wieder einen Stand erreicht, wie er etwa dem vor 25 Jahren entspricht; alle Erfolge planmäßiger und umfassender Arbeit im Kampfe gegen die Tuberkulose sind zunichte gemacht. Daß diese Tuberkulosezunahme aber eine unmittelbare Folge der Blockade ist, uud zwar in erster Linie der Nahrungsmittelknappheit, wird nicht bestritten werden können. Es ist klar, daß bei dem infektiösen Charakter der Tuberkulose auch nach Wiedereintritt günstigerer Ernährungsverhältnisse die Totenreihe nicht ohne weiteres zum Abschluß kommen wird, und noch viele Jahre hindurch werden in Form einer vermehrten Tuberkulosesterblichkeit die verderblichen Wirkungen der Hungerblockade nachklingen. Als zweite Sondergruppe seien die Todesfälle an Erkrankungen der Atmungsorgane benannt. An diesen Krankheiten starben in den deutschen Orten mit 15 000 und mehr Einwohnern im Jahre 1913 46 000 Personen, 1917 bereits 61 600 und im ersten Halbjahr 1917 33 500. Für das Jahr 1917 ergibt sich demnach gegenüber 1913 bei Verdoppelung des für das erste Halbjahr ermittelten Betrages eine Zunahme von 21 000 Todesfällen oder von 46%. Hierbei sind die Todesfälle, die im zweiten Halbjahr 1918 an Grippe mit nachfolgender Lungenentzündung zu verzeichnen waren, nicht mitgezählt. Man wird für den verheerenden Seuchenzug der Grippe in Deutschland, der im Sommer und Herbst 1918 rund 150 000 Todesfälle verursachte, der heruntergekommenen Ernährung nicht die Hauptschuld geben dürfen. Daß indes Kranke in großer Anzahl der Grippe erlegen sind, die diese bei günstigerem Ernährungszustand würden haben überstehen können, wird nicht zu leugnen sein. Also auch hier zeigen sich weitere, nicht in Rechnung gestellte Opfer der Blockade."

Am 8. September 1918 sagte der englische Staatsmann Baden-Powell mit einiger Befriedigung: „Die deutsche Rasse wird ruiniert, die Geburtsziffer mag in Deutschland betrachtet befriedigend sein, der nicht ausrottbare Schaden ist etwas Anderes und Ernsteres." Das stimmt. Man weiß also in England, wie es um uns steht, und man könnte die vor einigen Tagen von der Nordseeküste stammende Mitteilung, die Engländer fänden die Leute an der Wasserkante ganz gut ernährt und scheinen daraus zu schließen, daß die Deutschen im allgemeinen gesundheitlich wohl daran seien, für einen bösen Witz halten. Die

Wahrheit ist, daß die Blockade eine Katastrophe war, deren Folgen wir mit 763 000 Toten und einer nicht wieder gutzumachenden Schädigung unserer Volksgesundheit bezahlen, und daß wir einer weiteren Katastrophe entgegengehen. Denn: unsere Vorräte sind kleiner geworden, ungünstiger gestellt sind wir in bezug auf Kartoffeln, Fleisch und Fett (unser Schweinebestand ging von 26 auf 8 Millionen, der Rindviehbestand von 21 auf 18 Millionen zurück), bei Beibehaltung der jetzigen Brotration werden auch unsere Mehlvorräte vorzeitig einschmelzen, eine Erhöhung der Zuckerration ist nicht zu erwarten. Wir haben eine Hungersnot, eine Übersterblichkeit in Aussicht, die Deutschland an den Abgrund führt. Die meisten Bewohner unseres Vaterlandes sind durch die Blockade der Kriegszeit körperlich heruntergekommen — auch auf dem Lande, wo längst eine zum Teil freilich durch Überstrapazierung hervorgerufene erhöhte Sterblichkeit eingesetzt hat — die unmenschliche Blokkade nach beendetem Kriege wird noch viele Tausende erwürgen. Die Berliner Ärzte, die der erwähnten Sitzung beiwohnten, waren sich dieser Gefahr bewußt. Nach einer Ansprache des Staatssekretärs Wurm vom Reichsernährungsamt, der den Kredit, den wir vom Auslande für Nahrungsmittel begehren müssen, auf über 6 Milliarden beziffert, wenn nur das Notwendigste hereingebracht werden soll, drückten sie in einer „Erklärung" die Hoffnung aus, daß die feindlichen Regierungen ihre Zusage, eine Zufuhr von Lebensmitteln aus dem Auslande nach Deutschland zu ermöglichen, rechtzeitig und ausreichend erfüllen werden. „Wir bitten nicht um Gnade, wir wenden uns an das Gewissen derjenigen Männer der feindlichen Völker, in deren Brust die Stimme der Menschlichkeit und das Bewußtsein der Verantwortung vor dem Urteil der Geschichte nicht erstickt sind." Seit dem Eintritt des Waffenstillstandes und der Zusage Wilsons sind zwei Monate verflossen. Der Krieg ist beendet, die Waffen sind niedergelegt, die Hungerblockade aber dauert fort und fordert ihre Opfer."

Einige Ziffern der amtlichen deutschen Statistik über den Einfluß der Kriegsernährung auf den Gesundheitszustand der Bevölkerung, insbesondere auf die Tuberkulose

Allgemeines:

Sterblichkeitsverhältnisse:

Es starben von je 1000 gleichen Alters

in den Jahren	im 1. Lebensjahre	im Alter von 1—5	im Alter von 70 und mehr Jahren
1010	135,2	13,3	110,3
1917	147,6	15,9	147,1
Zunahme in %	9,7 %	19,6 %	33,4 %

Verhältnis der Lebendgeborenen zu den Gestorbenen (ohne Totgeborene) in den Jahren 1913/1917 in der Stadt Berlin:

	Lebendgeborene	Gestorbene
1913	40 833	28 067
1914	37 493	29 664
1915	30 993	28 572
1916	22 707	27 147
1917	18 725	34 122

Nach den Ziffern des Preußischen Statistischen Landesamts war in 22 Stadtkreisen die Sterblichkeit höher als in dem gleichen Zeitraum der letzten vier Friedensjahre:

4. Vierteljahr	1916	für	die	15—30	jährigen	um	16	vom	Hundert
4. „	1916	„	„	31—60	„	„	17—18	„	„
1. „	1917	„	„	15—30	„	„	43	„	„
1. „	1917	„	„	31—60	„	„	62	„	„

Tuberkulose.

Es starben an Tuberkulose in 380 deutschen Orten mit mehr als 15 000 Einwohnern von je 10 000 Einwohnern:

1913	15,7
1914	16,0
1915	16,8
1916	18,0
1917	25,3
1918	31,7

Nimmt man das Jahr 1913 hinsichtlich der Tuberkulosesterblichkeit als Normaljahr an, so hat sich in den obengenannten Orten diese Sterblichkeit vermehrt:

1914	um 1 456
1915	„ 4 431
1916	„ 8 405
1917	„ 27 824
1918	„ 43 320

In der Stadt Berlin war die Tuberkulosesterblichkeit für Männer im 3. Quartal 1917 um 40,1% größer als im 3. Quartal 1915, für Frauen zur gleichen Zeit um 91,7% größer.

Von den klinisch auf Tuberkulose untersuchten Kindern erwiesen sich als tuberkuloseinfiziert:

	vor dem Kriege:	während des Krieges:
Säuglinge im 1.— 3. Monat	0,0 %	2,4 %
Kinder „ 3.—12. „	5,0 %	7,8 %
„ „ 2. Lebensjahre	12,0 %	23,0 %
„ „ 3. u. 4. „	32,0 %	25,0 %
„ „ 5. u. 6. „	33,0 %	50,0 %
„ „ 7.—10. „	47,5 %	56,0 %
„ „ 11.—14. „	50,0 %	66,0 %

Von den im Pathologischen Institut der Stadt Berlin sezierten Kindern an Darm- und Mesenterialtuberkulose in Prozenten aller Sektionsfälle:

1910—14	0,8 %
1916	3,68 %

Von allen unter 14 Jahre alt sezierten Kindern litten an Tuberkulose:

in den Friedensjahren 1910—14	=	5—8	vom Hundert
1916	=	44	„ „

an Darm- und Mesenterialdrüsentuberkulose:

1913	1,11	vom Hundert
1916	12,22	„ „

Gesundheitsverhältnisse in Internaten.

Es starben in der Bodelschwingschen Anstalten in Bielefeld:

1914	=	4,87 %	der Insassen
1916	=	11,65 %	„ „

Einige Ziffern über die Gesundheitsverhältnisse und die soziale Lage der Bevölkerung Berlins

Zusammengestellt von

Dr. Rothholz
Direktor des Statistischen Bureaus der Landesversicherungsanstalt Berlin, auf Grund des statistischen Materials der Anstalt

---

In der Landesversicherungsanstalt versicherungspflichtig sind Personen mit einem Einkommen bis zu 2000 Mark jährlich. Hieraus folgt, daß die Statistik der Anstalt für die Lebensverhältnisse der ärmeren Klassen der Großstadt besonders beweiskräftig ist.

A. Das Aufflackern der Lungentuberkulose unter der Arbeiterbevölkerung Berlins während der Kriegszeit.

Jahr	Zahl der beobachteten Personen	Zahl der gestorbenen Personen
1914	71 854	924
1915	82 755	1 119
1916	87 522	1 167
1917	99 870	1 722
1918	?	2 046

B. Die Wirksamkeit der Tuberkulosefürsorgestationen in den verschiedenen Wohnvierteln Berlins.

Jahr	Gesamtzahl der neu untersuchten Personen	Von den beobachteten Personen starben
a) Arbeiterviertel (Osten, Nordosten und Norden)		
1914	7 145	608
1915	4 329	692
1916	6 523	734
1917	7 886	1 089
1918	11 294	1 351

Jahr	Gesamtzahl der neu untersuchten Personen	Von den beobachteten Personen starben
b) Bessere Wohngegend (Südosten, Zentrum und Nordwesten)		
1914	2 358	212
1915	1 575	275
1916	2 160	266
1917	2 588	401
1918	3 189	426
c) Gute Wohngegend (Süden, Westen und Südwesten)		
1914	1 225	104
1915	595	152
1916	1 102	68
1917	1 097	232
1918	1 504	276

C. Die während der Kriegszeit verwaisten Arbeiterkinder Berlins.

Jahr	Zahl der hinterbliebenen Waisen	Zunahme auf 100 gegen das Jahr 1914
1914	1 797	—
1915	5 678	216
1916	6 324	252
1917	5 153	187

D. Die Verschiebung der Arbeiterbevölkerung Berlins während der Kriegszeit.

Jahr	Durchschnittszahl der männlichen Arbeiter	Durchschnittszahl der weiblichen Arbeiter	Davon neu in die Arbeit getreten: Männer	Davon neu in die Arbeit getreten: Frauen
1914	313 203	224 797	22 271	29 032
1915	258 252	239 049	21 123	28 664
1916	213 920	270 410	23 419	35 911
1917	193 974	292 194	21 447	40 084

E. Neue Invalidenrentner der Arbeiterbevölkerung Berlins während der Kriegszeit.

Jahr	Männer		Frauen	
	Gesamtzahl	davon tuberkulös	Gesamtzahl	davon tuberkulös
1914	3 086	415	1 985	155
1915	2 106	398	1 706	218
1916	4 298	455	1 883	253
1917	4 832	638	1 984	332

F. Die wachsende Sterblichkeit unter den Invalidenrentnern Berlins während der Kriegszeit.

Jahr	Männer	Frauen	Zusammen	Zu- u. Abnahme der Sterblichkeit auf 100 gegenüber dem Vorjahr	
				Männer	Frauen
1914	2 110	1 003	3 113	—	—
1915	2 334	1 107	3 441	+ 11	+ 10
1916	2 127	1 096	3 223	— 9	— 1
1917	3 172	1 759	4 931	+ 49	+ 61

Bei Fragen zur Produktsicherheit wenden Sie sich bitte an:
If you have any questions regarding product safety,
please contact:

Walter de Gruyter GmbH
Genthiner Straße 13
10785 Berlin
productsafety@degruyterbrill.com